U0838131

关务通·新疑难解惑系列

关税征管百问百答

“关务通·新疑难解惑系列”
编委会◎编

中国海关出版社有限公司
中国·北京

图书在版编目（CIP）数据

关税征管百问百答／“关务通·新疑难解惑系列”编委会编．—北京：中国海关出版社有限公司，2025
（关务通；3．新疑难解惑系列）
ISBN 978－7－5175－0789－5

Ⅰ．①关…　Ⅱ．①关…　Ⅲ．①关税制度－中国－问题解答　Ⅳ．①F752．53－44

中国国家版本馆 CIP 数据核字（2024）第 087739 号

关税征管百问百答

GUANSHUI ZHENGGUAN BAI WEN BAI DA

作　　者：“关务通·新疑难解惑系列”编委会
策划编辑：刘　婧
责任编辑：刘　婧
出版发行：中国海关出版社有限公司
社　　址：北京市朝阳区东四环南路甲 1 号　　邮政编码：100023
网　　址：www.hgcbs.com.cn
编 辑 部：01065194242－7544（电话）
发 行 部：01065194221/4238/4246/4254/5127（电话）
社办书店：01065195616（电话）
印　　刷：廊坊一二〇六印刷厂　　经　　销：新华书店
开　　本：880mm×1230mm　1/32
印　　张：5　　字　　数：135 千字
版　　次：2025 年 1 月第 1 版
印　　次：2025 年 1 月第 1 次印刷
书　　号：ISBN 978－7－5175－0789－5
定　　价：45.00 元

前　言

为便于关务人员快速查询、获取相关业务知识，“关务通·新疑难解惑系列”编委会组织编写了“关务通·新疑难解惑系列”丛书。“关务通”系列丛书于2011—2016年陆续出版，因其设计风格独特和内容全面实用深受广大读者的好评，作为“关务通系列”的延续，希望“关务通·新疑难解惑系列”能够为读者提供更好的使用体验。

本丛书编写人员长期从事政策解答、业务咨询工作，广泛收集了企业在通关过程中的常见及热点问题，并从中选取企业关心、具有代表性的实务问题，通过对这些问题的梳理和分类，聚焦通关监管、企业管理与稽查、检验检疫、关税征管、加工贸易保税监管、个人行邮监管六个方面，分册编写。

《关税征管百问百答》一书结合了《中华人民共和国关税法》及相关配套法规的最新内容，以求更贴合实际需求。

“快速查询、快速解决”是本丛书编写的目标。各分册具体包括问、答、文件依据三部分，力求问题简单明晰，回答重点突出。为帮助读者在解决问题的同时，能对应了解相关政策，本丛书各分册还特增加附录，以涵盖部分重点法律法规。

各分册所列问答的具体数量根据实际情况而定，未作统一。因时间仓促，水平有限，不足之处还请各位读者见谅并指正。

“关务通·新疑难解惑系列”编委会

2024年12月

目　录

百问百答

1. 进出口货物的商品如何归类?

答: 进出口货物的商品归类，应当按照《中华人民共和国进出口税则》规定的目录条文和归类总规则、类注、章注、子目注释、本国子目注释，以及其他归类注释确定，并归入相应的税则号列。进出口货物相关的国家标准、行业标准等可以作为商品归类的参考。

文件依据:《中华人民共和国海关进出口货物商品归类管理规定》（海关总署令第252号）。

2. 进出口货物的商品归类按照什么状态确定?

答: 进出口货物的商品归类应当按照收发货人或者其代理人向海关申报时货物的实际状态确定。以提前申报方式进出口的货物，商品归类应当按照货物运抵海关监管区时的实际状态确定。法律、行政法规和海关总署规章另有规定的，依照有关规定办理。

文件依据:《中华人民共和国海关进出口货物商品归类管理规定》（海关总署令第252号）。

3. 海关在审核企业进口货物的商品归类时，是否可以要求企业提供外文资料的中文译文？

答： 海关在依法确定收发货人或者其代理人申报的商品归类事项时，可以依照《中华人民共和国海关法》和《中华人民共和国关税法》的规定，要求收发货人或者其代理人提供必要的样品及相关商品资料，包括外文资料的中文译文并且对译文内容负责。

文件依据：《中华人民共和国海关进出口货物商品归类管理规定》（海关总署令第252号）。

4. 在海关对货物的商品归类审核确定前，进出口企业是否可以申请担保放行？

答： 在海关对货物的商品归类审核确定前，收发货人或者其代理人要求放行货物的，应当按照海关事务担保的有关规定提供担保。

国家对进出境货物有限制性规定，应当提供许可证件而不能提供的，以及法律、行政法规规定不得担保的其他情形，海关不得办理担保放行。

文件依据：《中华人民共和国海关进出口货物商品归类管理规定》（海关总署令第252号）。

5. 海关在审核确定收发货人或者其代理人申报的商品归类事项时，会承担保密义务吗？

答：收发货人或者其代理人向海关提供的资料涉及商业秘密、未披露信息或者保密商务信息，要求海关予以保密的，应当以书面方式向海关提出保密要求，并且具体列明需要保密的内容。收发货人或者其代理人不得以商业秘密为理由拒绝向海关提供有关资料。海关按照国家有关规定承担保密义务。

文件依据：《中华人民共和国海关进出口货物商品归类管理规定》（海关总署令第252号）。

6. 给商品归类时，是否可以参考行业标准？

答：进出口货物相关的国家标准、行业标准等可以作为商品归类的参考。

文件依据：《中华人民共和国海关进出口货物商品归类管理规定》（海关总署令第252号）。

7. 哪些企业能申请预裁定？

答：预裁定的申请人应当是进口货物收货人或出口货物发货人。

文件依据：《关于实施〈中华人民共和国海关预裁定管理暂行

办法〉有关事项的公告》（海关总署公告2018年第14号）。

8. 提出预裁定申请的时间要求是什么？

答： 申请人一般在货物拟进出口3个月前提出申请。特殊情况下，申请人确有正当理由的，经直属海关批准，可以在货物拟进出口前3个月内提出预裁定申请。

特殊情况是指：因不可抗力或政策调整原因造成申请时间距实际进出口时间少于3个月的；申请企业在海关注册时间少于3个月的。

文件依据：《关于实施〈中华人民共和国海关预裁定管理暂行办法〉有关事项的公告》（海关总署公告2018年第14号）。

9. 企业通过什么渠道向海关提出预裁定申请？

答： 企业可以通过以下渠道提交申请：中国电子口岸—海关事务联系系统；中国国际贸易单一窗口—业务应用—口岸执法申报—货物申报—海关事务联系单；“互联网+海关”—税费业务—商品归类预裁定—提交《中华人民共和国海关预裁定申请书》以及相关材料。

10. 海关作出预裁定需要多少时间?

答：海关自收到《中华人民共和国海关预裁定申请书》以及相关材料之日起10日内作出是否受理的决定；海关应当自受理之日起60日内制发《预裁定决定书》。

申请人补正材料所需时间不计入10日的预裁定申请受理期限内；海关作出预裁定过程中，化验、检测、鉴定、专家论证或者其他方式确定有关情况所需时间不计入60日的作出预裁定期限内。

文件依据：《中华人民共和国海关预裁定管理暂行办法》（海关总署令第236号）。

11. 预裁定决定书会公开吗?

答：除涉及商业秘密的外，海关可以对外公开预裁定决定的内容。

文件依据：《中华人民共和国海关预裁定管理暂行办法》（海关总署令第236号）。

12. 预裁定对以前进出口的货物有效吗?

答：预裁定决定对于其生效前已经实际进出口的货物没有溯及力。

文件依据：《中华人民共和国海关预裁定管理暂行办法》（海关总署令第236号）。

13. 《预裁定决定书》有效期展期申请的条件是什么？

答： 在《中华人民共和国海关预裁定决定书》（以下简称《预裁定决定书》）所涉及的海关事务类别、商品基本信息、预裁定事项等内容未发生变化的前提下，原申请人可以在《预裁定决定书》有效期截止日前30日至90日内，向《预裁定决定书》制发海关提出针对该决定书有效期的展期申请。

文件依据：《关于实施海关预裁定展期等有关事项的公告》（海关总署公告2024年第32号）。

14. 哪些情况下，海关不接受展期申请？

答： 有以下情形之一的，海关不接受展期申请，退回有关申请并注明理由：

（一）《预裁定决定书》已失效或被撤销的；

（二）申请人名称、企业代码、统一社会信用代码发生变更的；

（三）未在规定期限内提出申请的；

（四）《预裁定决定书》制发后，有关海关规章、海关总署公告已对《预裁定决定书》涉及的有关海关事务作出明确规定的。

文件依据：《关于实施海关预裁定展期等有关事项的公告》（海关总署公告2024年第32号）。

15. 哪些情况下，海关可以撤销已生效的预裁定决定？

答：已生效的预裁定决定有下列情形之一的，由海关予以撤销，并且通知申请人：

（一）因申请人提供的材料不真实、不准确、不完整，造成预裁定决定需要撤销的；

（二）预裁定决定错误的；

（三）其他需要撤销的情形。

撤销决定自作出之日起生效。依照上述第（一）项的规定撤销预裁定决定的，经撤销的预裁定决定自始无效。

文件依据：《中华人民共和国海关预裁定管理暂行办法》（海关总署令第236号）。

16. 预裁定的决定书有效期是多久？

答：预裁定决定有效期为3年。预裁定决定所依据的法律、行政法规、海关规章以及海关总署公告相关规定发生变化，影响其效力的，预裁定决定自动失效。

文件依据：《中华人民共和国海关预裁定管理暂行办法》（海关总署令第236号）。

17. 企业不认可预裁定决定怎么办?

答：申请人对预裁定决定不服的，可以向海关总署申请行政复议；对复议决定不服的，可以依法向人民法院提起行政诉讼。

文件依据：《中华人民共和国海关预裁定管理暂行办法》（海关总署令第236号）。

18. 在货物实际进出口前，申请人可以就哪些海关事务提出预裁定申请?

答：在货物实际进出口前，申请人可以就下列海关事务申请预裁定：

（一）进出口货物的商品归类；

（二）进出口货物的原产地或者原产资格；

（三）进口货物计税价格相关要素、估价方法；

（四）海关总署规定的其他海关事务。

上述“计税价格相关要素”，包括特许权使用费、佣金、运保费、特殊关系，以及其他与确定计税价格有关的要素。

文件依据：《中华人民共和国海关预裁定管理暂行办法》（海关总署令第236号）。

19. 某公司能否要求海关为其申请预裁定的专利技术保密?

答: 申请人需要海关为其保守商业秘密的，应当以书面方式向海关提出要求，并且列明具体内容。海关按照国家有关规定承担保密义务。

文件依据:《中华人民共和国海关预裁定管理暂行办法》(海关总署令第236号)。

20. 进出口货物、进境物品，应适用哪一日的税率?

答: 进出口货物、进境物品，应当适用纳税人、扣缴义务人完成申报之日实施的税率。

文件依据:《中华人民共和国关税法》。

21. 进出口货物的价格及有关费用以外币计价的，汇率怎么计算?

答: 进出口货物的价格及有关费用以外币计价的，按照计征汇率折合为人民币计算计税价格，采用四舍五入法计算至分。

海关每月使用的计征汇率为上一个月第三个星期三中国人民银行授权中国外汇交易中心公布的人民币汇率中间价，第三个星期三非银行间外汇市场交易日的，顺延采用下一个交易日公布的人民币汇率中间价。如果上述汇率发生重大波动，海关总署认为必要时，可以另行规定计征汇率，并且对外公布。

文件依据：《中华人民共和国海关进出口货物征税管理办法》（海关总署令第272号）。

22. 关税和进口环节海关代征税应纳税额怎么计算？

答：关税应当按照《中华人民共和国关税法》的规定，以从价、从量或者复合方式计算。

进口环节海关代征税应当按照有关法律、行政法规规定的适用税种、税目、税率和计算公式计算。

除另有规定外，关税和进口环节海关代征税应纳税额按照下述计算公式计征：

从价计征的关税应纳税额=计税价格×关税比例税率

从量计征的关税应纳税额=货物数量×关税定额税率

复合计征的关税应纳税额=计税价格×关税比例税率+货物数量×关税定额税率

从价计征的进口环节消费税应纳税额=[（计税价格+关税税额）/（1—消费税比例税率）]×消费税比例税率

从量计征的进口环节消费税应纳税额=货物数量×消费税定额税率

复合计征的进口环节消费税应纳税额=[（计税价格+关税税额+货物数量×消费税定额税率）/（1—消费税比例税

率）]× 消费税比例税率＋货物数量 × 消费税定额税率

进口环节增值税应纳税额＝（计税价格＋关税税额＋进口环节消费税税额）× 增值税税率

文件依据：《中华人民共和国海关进出口货物征税管理办法》（海关总署令第272号）。

23. 什么情况下适用最惠国税率？

答： 原产于共同适用最惠国待遇条款的世界贸易组织成员的进口货物，原产于与中华人民共和国缔结或者共同参加含有相互给予最惠国待遇条款的国际条约、协定的国家或者地区的进口货物，以及原产于中华人民共和国境内的进口货物，适用最惠国税率。

文件依据：《中华人民共和国关税法》。

24. 什么情况下适用协定税率？

答： 原产于与中华人民共和国缔结或者共同参加含有关税优惠条款的国际条约、协定的国家或者地区且符合国际条约、协定有关规定的进口货物，适用协定税率。

文件依据：《中华人民共和国关税法》。

25. 什么情况下适用特惠税率?

答: 原产于中华人民共和国给予特殊关税优惠安排的国家或者地区且符合国家原产地管理规定的进口货物，适用特惠税率。

文件依据:《中华人民共和国关税法》。

26. 适用最惠国税率、协定税率、特惠税率的进口货物以及适用出口税率的出口货物有暂定税率的，都适用暂定税率吗?

答: 适用最惠国税率的进口货物有暂定税率的，适用暂定税率。适用协定税率的进口货物有暂定税率的，从低适用税率；其最惠国税率低于协定税率且无暂定税率的，适用最惠国税率。适用特惠税率的进口货物有暂定税率的，从低适用税率。适用出口税率的出口货物有暂定税率的，适用暂定税率。

文件依据:《中华人民共和国关税法》。

27. 适用普通税率的进口货物，可以适用暂定税率吗?

答: 适用普通税率的进口货物，不适用暂定税率。

文件依据:《中华人民共和国关税法》。

28. 通过哪个网站可以查询适用“进口最惠国税率”的国家（地区）?

答：登录海关总署门户网站—“互联网+海关”—我要查—通关参数—国别（地区）代码表，可以查询最惠国情况。

29. 通过哪个网站可以查询进出口商品税率?

答：登录海关总署门户网站—“互联网+海关”—我要查—税率查询，可进行进出口商品税率查询。查询结果仅供参考，具体应以实际通关时的政策为准。

30. 通过哪个网站可以查询对美加征税率?

答：登录海关总署门户网站—“互联网+海关”—我要查—税率查询—输入税号或商品名称—更多税率—进口协定税率—特别协定。查询结果仅供参考，具体应以实际通关时的政策为准。

31. 如何查询RCEP项下货物协定税率?

答：可以登录“中国自由贸易区服务网”（http://fta.mofcom.gov.cn/index.shtml），进入“协定税率”模块或者通过商务部网站—公共服务—对外贸易—贸易税费—“外贸实务查询服务”公共服务平台“税费查询”模块查询。

32. 收发货人或者其代理人对化验、检验结果有异议的，是否可以向海关提出复验？

答： 收发货人或者其代理人对化验、检验结果有异议的，可以在收到化验、检验结果之日起15日内向海关提出书面复验申请，海关应当组织复验。已经复验的，收发货人或者其代理人不得对同一样品再次申请复验。

文件依据：《中华人民共和国海关进出口货物商品归类管理规定》（海关总署令第252号）。

33. 海关应当在化验、检验结果作出后多长时间，将相关信息通知收发货人或者其代理人？

答： 除特殊情况外，海关应当在化验、检验结果作出后的1个工作日内，将相关信息通知收发货人或者其代理人。收发货人或者其代理人要求提供化验、检验结果纸本的，海关应当提供。

文件依据：《中华人民共和国海关进出口货物商品归类管理规定》（海关总署令第252号）。

34. 纳税人缴纳海关税款是否有时限规定？超期未缴纳如何处理？

答： 纳税人应当自海关税款缴纳通知制发之日起15日内依法缴纳税款；采用汇总征税模式的，纳税人应当自海关税款缴纳通知制发之日起15日内或次月第5个工作日结束前依法缴纳税款。未在上述期限内缴纳税款的，海关自缴款期限届满之日起至缴清税款之日止，按日加收滞纳税款万分之五的滞纳金。

文件依据：《关于明确进出口货物税款缴纳期限的公告》（海关总署公告2022年第61号）。

35. 纳税人自行打印的版式化《海关专用缴款书》，“填发日期”为哪一日？

答：纳税人自行打印的版式化《海关专用缴款书》，“填发日期”为海关税款缴纳通知制发之日。

文件依据：《关于明确进出口货物税款缴纳期限的公告》（海关总署公告2022年第61号）。

36. 海关制发进出口货物税款缴纳通知通过哪个平台推送至纳税人？

答：海关制发税款缴纳通知并通过中国国际贸易单一窗口和“互联网+海关”平台推送至纳税人。

文件依据：《关于明确进出口货物税款缴纳期限的公告》（海关总署公告2022年第61号）。

37. 企业可以通过线上方式缴纳关税和增值税吗？

答：企业可以通过中国国际贸易单一窗口—业务应用—口岸执

法申报—货物贸易税费支付—税费支付；或者通过海关总署门户网站—“互联网+海关”—税费业务—关税和进口环节代征税的征收进行税费缴纳。

38. 进口货物的哪些费用应当计入计税价格?

答：进口货物的下列费用应当计入计税价格：

（一）由买方负担的购货佣金以外的佣金和经纪费；

（二）由买方负担的与该货物视为一体的容器的费用；

（三）由买方负担的包装材料费用和包装劳务费用；

（四）与该货物的生产和向中华人民共和国境内销售有关的，由买方以免费或者以低于成本的方式提供并可以按适当比例分摊的料件、工具、模具、消耗材料及类似货物的价款，以及在中华人民共和国境外开发、设计等相关服务的费用；

（五）作为该货物向中华人民共和国境内销售的条件，买方必须支付的、与该货物有关的特许权使用费；

（六）卖方直接或者间接从买方获得的该货物进口后转售、处置或者使用的收益。

文件依据：《中华人民共和国关税法》。

39. 进口货物的成交价格是指什么？

答： 进口货物的成交价格，是指卖方向中华人民共和国境内销售该货物时买方为进口该货物向卖方实付、应付的，并按照《中华人民共和国关税法》第二十五条、第二十六条规定调整后的价款总额，包括直接支付的价款和间接支付的价款。

文件依据：《中华人民共和国关税法》。

40. 出口货物的计税价格怎么确定？

答： 出口货物的计税价格以该货物的成交价格以及该货物运至中华人民共和国境内输出地点装载前的运输及其相关费用、保险费为基础确定。

文件依据：《中华人民共和国关税法》。

41. 海关在确定计税价格时，哪些情形下会认为买卖双方存在特殊关系？

答： 有下列情形之一的，应当认为买卖双方存在特殊关系：

（一）买卖双方为同一家族成员的；

（二）买卖双方互为商业上的高级职员或者董事的；

（三）一方直接或者间接地受另一方控制的；

（四）买卖双方都直接或者间接地受第三方控制的；

（五）买卖双方共同直接或者间接地控制第三方的；

（六）一方直接或者间接地拥有、控制或者持有对方5%以上（含5%）公开发行的有表决权的股票或者股份的；

（七）一方是另一方的雇员、高级职员或者董事的；

（八）买卖双方是同一合伙的成员的。

买卖双方在经营上相互有联系，一方是另一方的独家代理、独家经销或者独家受让人，如果符合上述规定，也应当视为存在特殊关系。

文件依据：《中华人民共和国海关确定进出口货物计税价格办法》（海关总署令第213号）。

42. 进口货物的成交价格应当符合什么条件？

答： 进口货物的成交价格应当符合下列条件：

（一）对买方处置或者使用该货物不予限制，但法律、行政法规规定的限制、对货物转售地域的限制和对货物价格无实质性影响的限制除外；

（二）该货物的成交价格没有因搭售或者其他因素的影响而无法确定；

（三）卖方不得从买方直接或者间接获得因该货物进口后转售、处置或者使用而产生的任何收益，或者虽有收益但能够按照《中华人民共和国关税法》第二十五条、第二十六条的规定进行调整；

（四）买卖双方没有特殊关系，或者虽有特殊关系但未对成交价格产生影响。

文件依据：《中华人民共和国关税法》。

43. 进口货物的计税价格怎么确认？

答：进口货物的计税价格，由海关以该货物的成交价格为基础确定，并且应当包括货物运抵中华人民共和国境内输入地点起卸前的运输及其相关费用、保险费。

文件依据：《中华人民共和国海关确定进出口货物计税价格办法》（海关总署令第213号）。

44. 进口时在货物的价款中列明的哪些费用、税收不计入货物的计税价格？

答：进口时在货物的价款中列明的下列费用、税收，不计入该货物的计税价格：

（一）厂房、机械、设备等货物进口后进行建设、安装、装配、维修和技术服务的费用，但保修费用除外；

（二）进口货物运抵中华人民共和国境内输入地点起卸后的运输及其相关费用、保险费；

（三）进口关税及国内税收。

文件依据：《中华人民共和国关税法》。

45. 《中华人民共和国化肥进口关税配额证明》是否不再签发纸质配额证?

答: 国家发展改革委、商务部不再签发纸质配额证，改为签发电子配额证，并将电子数据传输至海关。

文件依据:《关于全面实施〈中华人民共和国农产品进口关税配额证〉等3种证（明）联网核查的公告》（海关总署　国家发展改革委　商务部公告2022年第132号）。

46. 农产品进口关税电子配额证是否有使用次数限制?

答: 此类电子配额证无使用次数限制。

文件依据:《关于全面实施〈中华人民共和国农产品进口关税配额证〉等3种证（明）联网核查的公告》（海关总署　国家发展改革委　商务部公告2022年第132号）。

47. 《中华人民共和国化肥进口关税配额证明》的进口商和进口用户与报关单如何对应?

答:《中华人民共和国化肥进口关税配额证明》的进口商和进口用户应分别与报关单的收发货人和消费使用单位一致。

文件依据:《关于全面实施〈中华人民共和国农产品进口关税配额证〉等3种证（明）联网核查的公告》（海关总署　国家发展改革委　商务部公告2022年第132号）。

48.《中华人民共和国农产品进口关税配额证》和《关税配额外优惠关税税率进口棉花配额证》，以加工贸易方式进口的，最终用户名称与报关单上哪一项需要一致？

答：《中华人民共和国农产品进口关税配额证》和《关税配额外优惠关税税率进口棉花配额证》，以加工贸易方式进口的，最终用户名称应与报关单的消费使用单位或收发货人一致。

文件依据：《关于全面实施〈中华人民共和国农产品进口关税配额证〉等3种证（明）联网核查的公告》（海关总署　国家发展改革委　商务部公告2022年第132号）。

49.《中华人民共和国农产品进口关税配额证》和《关税配额外优惠关税税率进口棉花配额证》，以其他贸易方式进口的，最终用户名称与报关单上哪一项需要一致？

答：《中华人民共和国农产品进口关税配额证》和《关税配额外优惠关税税率进口棉花配额证》，以其他贸易方式进口的，最终用户名称应与报关单的消费使用单位一致。

文件依据：《关于全面实施〈中华人民共和国农产品进口关税配额证〉等3种证（明）联网核查的公告》（海关总署　国家发展改革委　商务部公告2022年第132号）。

50. 什么情况下，适用纳税人、扣缴义务人办理纳税手续之日实施的税率？

答：有下列情形之一的，应当适用纳税人、扣缴义务人办理纳税手续之日实施的税率：

（一）保税货物不复运出境，转为内销；

（二）减免税货物经批准转让、移作他用或者进行其他处置；

（三）暂时进境货物不复运出境或者暂时出境货物不复运进境；

（四）租赁进口货物留购或者分期缴纳税款。

文件依据：《中华人民共和国关税法》。

51. 特许权使用费的含义是什么？

答：特许权使用费，是指进口货物的买方为取得知识产权权利人及权利人有效授权人关于专利权、商标权、专有技术、著作权、分销权或者销售权的许可或者转让而支付的费用。

文件依据：《中华人民共和国海关确定进出口货物计税价格办法》（海关总署令第213号）。

52. 企业自境外进口一批货物，涉及使用商标，需要另外支付一笔商标使用费。在报关申报时是否需要填写“支付特许权使用费确认”？

答：对于存在需向卖方或者有关方直接或间接支付与进口货物有关的应税特许权使用费的，无论是否已包含在进口货物实付、应付价格中，都应在“支付特许权使用费确认”栏目填报“是”。

文件依据：《关于特许权使用费申报纳税手续有关问题的公告》（海关总署公告2019年第58号）。

53. 符合什么条件的特许权使用费，应当视为与进口货物有关？

答：（一）特许权使用费是用于支付专利权或者专有技术使用权，且进口货物属于下列情形之一的：

1. 含有专利或者专有技术的；
2. 用专利方法或者专有技术生产的；
3. 为实施专利或者专有技术而专门设计或者制造的。

（二）特许权使用费是用于支付商标权，且进口货物属于下列情形之一的：

1. 附有商标的；
2. 进口后附上商标直接可以销售的；
3. 进口时已含有商标权，经过轻度加工后附上商标即可以销售的。

（三）特许权使用费是用于支付著作权，且进口货物属于下列情形之一的：

1. 含有软件、文字、乐曲、图片、图像或者其他类似内容的进口货物，包括磁带、磁盘、光盘或者其他类似载体的形式；
2. 含有其他享有著作权内容的进口货物。

（四）特许权使用费是用于支付分销权、销售权或者其他类似权利，且进口货物属于下列情形之一的：

1. 进口后可以直接销售的；

2. 经过轻度加工即可以销售的。

文件依据：《中华人民共和国海关确定进出口货物计税价格办法》（海关总署令第213号）。

54. 哪些进出口货物、进口物品可以减征关税?

答： 下列进出口货物、进境物品，减征关税：

（一）在海关放行前遭受损坏的货物、进境物品；

（二）中华人民共和国缔结或者共同参加的国际条约、协定规定减征关税的货物、进境物品；

（三）依照有关法律规定减征关税的其他货物、进境物品。

前款第一项减征关税，应当根据海关认定的受损程度办理。

文件依据：《中华人民共和国关税法》。

55. 适用船舶吨税优惠税率的国家（地区）有哪些?

答： 阿尔巴尼亚、朝鲜、加纳、斯里兰卡、刚果（布）、巴基斯坦 、刚果（金）（原扎伊尔）、挪威、日本、阿尔及利亚、新西兰、阿根廷、孟加拉国、泰国、巴西、墨西哥、马来西亚、新加坡、塞浦路斯、蒙古国、马耳他 、越南、土耳其、韩国、格鲁吉亚、克罗地亚、俄罗斯 、乌克兰、黎巴嫩、智利、印度、以色列、加拿大、秘鲁、埃及、摩洛哥、南非、古巴、印度尼西亚、突尼斯 、伊朗、巴哈马、美国、比利时、捷克、丹麦、德国 、爱沙尼亚、希腊、西班牙、法国、爱尔兰、意大利、拉托维亚、立陶宛、卢森堡、匈牙利、荷兰、奥地利、波兰、葡萄牙、斯洛文尼亚、斯洛伐克、芬兰、瑞典、保加利亚、罗马尼亚、也门、苏丹、菲律宾、埃塞俄比亚、肯尼亚、阿曼、利比里亚、巴拿马、中国香港、中国澳门。

文件依据：《关于发布适用船舶吨税优惠税率国家（地区）清单的公告》（海关总署公告2018年第80号）。

56. 进出口企业、单位主动披露违规行为，什么情况下不予行政处罚？

答：进出口企业、单位主动披露违反海关规定的行为，有下列情形之一的，不予行政处罚：

（一）自涉税违规行为发生之日起6个月以内向海关主动披露的。

（二）自涉税违规行为发生之日起超过6个月但在两年以内向海关主动披露，漏缴、少缴税款占应缴纳税款比例30%以下的，或者漏缴、少缴税款在人民币100万元以下的。

（三）影响国家出口退税管理的：

1. 自违规行为发生之日起6个月以内向海关主动披露的；

2. 自违规行为发生之日起超过6个月但在两年以内向海关

主动披露，影响国家出口退税管理且可能多退税款占应退税款的30%以下，或者可能多退税款在人民币100万元以下的。

（四）加工贸易企业因工艺改进、使用非保税料件比例申报不准确等原因导致实际单耗低于已申报单耗，且因此产生的剩余料件、半制成品、制成品尚未处置的，或者已通过加工贸易方式复出口的。

（五）适用《中华人民共和国海关行政处罚实施条例》第十五条第（一）项规定，及时改正没有造成危害后果的：

1.违法违规行为发生当月最后一日24点前，向海关主动披露且影响统计人民币总值1000万元以下的；

2.违法违规行为发生当月最后一日24点后3个自然月内，向海关主动披露且影响统计人民币总值500万元以下的。

（六）适用《中华人民共和国海关行政处罚实施条例》第十五条第（二）项规定处理的。

（七）适用《中华人民共和国海关行政处罚实施条例》第十八条规定处理，未影响国家有关进出境的禁止性管理、出口退税管理、税款征收和许可证件管理的违反海关规定行为的。

（八）进出口企业、单位违反海关检验检疫业务规定的行为，且能够及时办理海关手续，未造成危害后果的（见《关于处理主动披露违规行为有关事项的公告》附件1）。但涉及检疫类事项，以及检验类涉及安全、环保、卫生类事项的除外。

文件依据：《关于处理主动披露违规行为有关事项的公告》（海关总署公告2023年第127号）

57. 什么情况下，退运货物可以向海关申请退税？

答：有下列情形之一的，纳税人自缴纳税款之日起一年内，可以向海关书面申请退还税款：

（一）已缴纳税款的进口货物，因品质、规格原因或者不可抗力，一年内原状复运出境；

（二）已缴纳出口关税的出口货物，因品质、规格原因或者不可抗力，一年内原状复运进境，并已重新缴纳因出口而退还的国内环节有关税收；

（三）已缴纳出口关税的出口货物，因故未装运出口，申报退关。

文件依据：《中华人民共和国海关进出口货物征税管理办法》（海关总署令第272号）。

58. 纳税人发现多缴纳税款的，是否可以向海关申请退还多缴的税款？

答：纳税人发现多缴纳税款的，可以自缴纳税款之日起三年内，向海关书面申请退还多缴的税款。包括但不限于下列情形：

（一）散装进出口货物发生短装并且已缴税放行，该货物的发货人、承运人或者保险公司已对短装部分退还或者赔偿相应货款的；

（二）进出口货物因残损、品质不良、规格不符原因，或者发生本条第一项规定以外的货物短少的情形，由进出口货物的发货人、承运人或者保险公司赔偿相应货款的；

（三）已缴税货物被海关责令退运或者监督销毁的。

文件依据：《中华人民共和国海关进出口货物征税管理办法》（海关总署令第272号）。

59. 出境修理货物超过海关允许期限复运进境的，海关是否会征收进口税款？

答：出境修理货物超过海关规定期限复运进境的，海关对其按照一般进口货物的征税管理规定征收税款。

文件依据：《中华人民共和国海关进出口货物征税管理办法》（海关总署令第272号）。

60. 某公司出境修理一件机器设备，在海关规定的时间内复运进境，海关如何确定其计税价格？

答：运往境外修理的机械器具、运输工具或者其他货物，出境时已向海关报明，并且在海关规定的期限内复运进境的，应当以境外修理费和料件费为基础确定计税价格。

文件依据：《中华人民共和国海关确定进出口货物计税价格办法》（海关总署令第213号）。

61. 暂时进境的哪些货物，可以暂不缴纳关税？

答：暂时进境或者暂时出境的下列货物、物品，可以依法暂不缴纳关税，但该货物、物品应当自进境或者出境之日起六个月内复运出境或者复运进境；需要延长复运出境或者复运进境期限的，应当根据海关总署的规定向海关办理延期手续：

（一）在展览会、交易会、会议以及类似活动中展示或者使用的货物、物品；

（二）文化、体育交流活动中使用的表演、比赛用品；

（三）进行新闻报道或者摄制电影、电视节目使用的仪器、设备及用品；

（四）开展科研、教学、医疗卫生活动使用的仪器、设备及用品；

（五）在本款第一项至第四项所列活动中使用的交通工具及特种车辆；

（六）货样；

（七）供安装、调试、检测设备时使用的仪器、工具；

（八）盛装货物的包装材料；

（九）其他用于非商业目的的货物、物品。

前款所列货物、物品在规定期限内未复运出境或者未复运进境的，应当依法缴纳关税。

文件依据：《中华人民共和国关税法》。

62. 境外企业在我国境内参加展览会期间，向观众散发的宣传品，海关是否要征收进口关税和进口环节税？

答： 下列在境内展览会期间供消耗、散发的用品，由海关根据展览会的性质、参展商的规模、观众人数等情况，对其数量和总值进行核定，在合理范围内的，按照有关规定免征进口关税和进口环节税：

（一）在展览活动中的小件样品，包括原装进口的或者在展览期间用进口的散装原料制成的食品或者饮料的样品；

（二）为展出的机器或者器件进行操作示范被消耗或者损坏的物料；

（三）布置、装饰临时展台消耗的低值货物；

（四）展览期间免费向观众散发的有关宣传品；

（五）供展览会使用的档案、表格以及其他文件。

上述第（一）项所列货物，应当符合以下条件：

（一）由参展人免费提供并且在展览期间专供免费分送给观众使用或者消费的；

（二）单价较低，作广告样品用的；

（三）不适用于商业用途，并且单位容量明显小于最小零售包装容量的；

（四）食品以及饮料的样品虽未按照本款第（三）项规定的包装分发，但是确实在活动中消耗掉的。

文件依据：《中华人民共和国海关暂时进出境货物管理办法》（海关总署令第233号）。

63. 某公司准备出口一批样品，是否需要交税?

答：进出口无商业价值的货样和广告品准予免征关税和进口环节海关代征税，其他进出口货样和广告品一律照章征税。

文件依据：《关于进出口货样和广告品监管有关事项的公告》（海关总署公告2010年第33号）。

64. 某公司要申报进口无代价抵偿货物，应提交哪些单证?

答：纳税人申报进出口无代价抵偿货物，应当提交买卖双方签订的赔偿协议。海关认为需要时，纳税人还应当提交具有资质的商品检验机构出具的原进出口货物残损、短少、品质不良或者规格不符的检验证明书或者其他有关证明文件。

文件依据：《中华人民共和国海关进出口货物征税管理办法》（海关总署令第272号）。

65. 某公司租赁进口一批货物，因生产需要，计划由在境内使用转为进口，税款怎样计征?

答：留购租赁进口货物的，纳税人应当按照确定进口货物计税价格的有关规定和办理纳税手续之日该货物适用的税率、计征汇率，确定其计税价格、计算并申报纳税。

文件依据：《中华人民共和国海关进出口货物征税管理办法》（海关总署令第272号）。

66. 因纳税人违反规定需要追征税款的进出口货物，税率怎么确定?

答：因纳税、扣缴义务人违反规定需要追征税款的，应当适用违反规定行为发生之日实施的税率和计征汇率；行为发生之日不能确定的，适用海关发现该行为之日实施的税率和计征汇率。

文件依据：《中华人民共和国海关进出口货物征税管理办法》(海关总署令第272号)。

67. 因纳税人原因违法规定少征税款的，是否只要追缴税款就可以了?

答：海关发现海关监管货物因纳税人、扣缴义务人违反规定造成少征或者漏征税款的，应当自纳税人、扣缴义务人应缴纳税款之日起三年内追征税款，并自应缴纳税款之日起按日加收少征或者漏征税款万分之五的滞纳金。

文件依据：《中华人民共和国关税法》。

68. 海关在审核确定进口货物原产地时，是否会要求企业提交原产地证书进行验核?

答：海关在审核确定进口货物原产地时，可以要求进口货物的收货人提交该进口货物的原产地证书，并予以审验；必要时，可以请求该货物出口国(地区)的有关机构对该货物的原产地进行核查。

文件依据：《中华人民共和国进出口货物原产地条例》。

69. 散装进出口货物发生溢短装的，海关如何计征税款？

答： 散装进出口货物发生溢短装的，按照以下规定办理：

（一）溢装数量在合同、发票标明数量3%以内的，或者短装的，按照合同、发票标明数量计征税款。

（二）溢装数量超过合同、发票标明数量3%的，按照实际进出口数量计征税款。

文件依据：《中华人民共和国海关进出口货物征税管理办法》（海关总署令第272号）。

70. 滞纳金的起征点为多少？

答： 关税、进口环节海关代征税、滞纳金、利息等，应当以人民币计算，采用四舍五入法计算至分。关税、进口环节海关代征税、滞纳金起征点按照国务院规定的一票货物的免征额度执行。

文件依据：《中华人民共和国海关进出口货物征税管理办法》（海关总署令第272号）。

71. 在什么情形下，海关可以依法减免税款滞纳金？

答：海关对未履行税款给付义务的纳税人征收税款滞纳金，符合下列情形之一的，海关可以依法减免税款滞纳金：

（一）纳税人确因经营困难，自海关填发税款缴款书之日起在规定期限内难以缴纳税款，但在规定期限届满后3个月内补缴税款的；

（二）因不可抗力或者国家政策调整原因导致纳税人自海关填发税款缴款书之日起在规定期限内无法缴纳税款，但在相关情形解除后3个月内补缴税款的；

（三）货物放行后，纳税人通过自查发现少缴或漏缴税款并主动补缴的；

（四）经海关总署认可的其他特殊情形。

文件依据：《关于明确税款滞纳金减免相关事宜的公告》（海关总署公告2015年第27号）。

72. 办理税款滞纳金减免手续时，需要提供什么材料？

答：在办理税款滞纳金减免手续时，纳税人应按照海关要求提交以下材料：

（一）报关单及随附资料复印件；

（二）滞纳金缴款书复印件；

（三）已补缴税款的税单复印件；

（四）属于《关于明确税款滞纳金减免相关事宜的公告》第一条第（三）项所述情形的，需提供自查情况报告；

（五）海关认为需要提供的其他材料。纳税人应声明对上述材料的真实性、合法性、有效性承担法律责任。

文件依据：《关于明确税款滞纳金减免相关事宜的公告》（海关总署公告2015年第27号）。

73. 某公司通过中国国际贸易单一窗口缴纳了一笔滞报金，缴纳后可以在哪里打印滞报金票据？

答： 自2020年1月17日起，海关业务现场不再打印滞报金票据，进口货物收货人缴纳进口货物滞报金后可通过中国国际贸易单一窗口标准版、"互联网+海关"自行打印版式"中央非税收入统一票据"。

文件依据：《关于滞报金票据电子化有关事宜的公告》（海关总署公告2020年第10号）。

74. 海关税款担保业务范围包括哪些？

答：（一）汇总征税担保，是指为办理汇总征税业务向海关提供的担保；

（二）纳税期限担保，是指符合《中华人民共和国海关事务担保条例》第四条第一款第三项规定的担保；

（三）征税要素担保，是指符合《中华人民共和国海关事务担保条例》第四条第一款第一、二、五项的担保。

文件依据：《关于深化海关税款担保改革的公告》（海关总署公告2021年第100号）。

75. 企业应向哪一级海关提交税款担保申请？

答： 企业注册地直属海关关税职能部门根据金融机构传输的保函、保单电子数据或验核企业提交的保函、保单正本，为企业在海关业务系统备案担保信息，系统生成担保备案编号。

文件依据：《关于深化海关税款担保改革的公告》（海关总署公告2021年第100号）。

76. 哪些企业可以凭银行开具的海关税款担保保函办理海关税款担保业务？

答： 除失信企业外，进出口货物收发货人可凭银行或非银行金融机构开具的海关税款担保保函、关税保证保险单办理海关税款担保业务。

文件依据：《关于深化海关税款担保改革的公告》（海关总署公告2021年第100号）。

77. 已申请海关税款担保业务的企业未在规定纳税期限内缴纳税款的，海关会如何处理？

答： 企业未在规定的纳税期限内缴纳税款的，海关可以停止其使用保函、保单办理担保通关业务。

文件依据：《关于深化海关税款担保改革的公告》（海关总署公告2021年第100号）。

78. 某公司是一般信用企业，是否适用关税保证保险通关业务模式？

答： 除失信企业外，进出口货物收发货人可凭银行或非银行金融机构开具的海关税款担保保函、关税保证保险单办理海关税款担保业务。

文件依据：《关于深化海关税款担保改革的公告》（海关总署公告2021年第100号）。

79. 进出口货物，什么情况下免征关税？

答： 下列进出口货物、进境物品，免征关税：

（一）国务院规定的免征额度内的一票货物；

（二）无商业价值的广告品和货样；

（三）进出境运输工具装载的途中必需的燃料、物料和饮食用品；

（四）在海关放行前损毁或者灭失的货物、进境物品；

（五）外国政府、国际组织无偿赠送的物资；

（六）中华人民共和国缔结或者共同参加的国际条约、协定规定免征关税的货物、进境物品；

（七）依照有关法律规定免征关税的其他货物、进境物品。

文件依据：《中华人民共和国关税法》。

80. 特定减免税进口货物的监管年限是多久？

答：除海关总署另有规定外，进口减免税货物的监管年限为：

（一）船舶、飞机：8年；

（二）机动车辆：6年；

（三）其他货物：3年。

监管年限自货物进口放行之日起计算。

文件依据：《中华人民共和国海关进出口货物减免税管理办法》（海关总署令第245号）。

81. 减免税货物的监管年限从何时开始计算？

答：监管年限自货物进口放行之日起计算。

文件依据：《中华人民共和国海关进出口货物减免税管理办法》（海关总署令第245号）。

82. 企业申请提前放行货物，可以按照初步确定的应纳税额向海关提供足额税款担保的情形有哪些？

答：有下列情形之一的，纳税人、扣缴义务人要求海关提前放行货物的，应当按照初步确定的应纳税额向海关提供足额税款担保：进出口货物的计税价格、商品归类、原产地等尚未确定；与确定货物应纳税额有关的报关单证尚未提供；货物已被采取临时反倾销措施、临时反补贴措施；适用报复性关税、对等关税措施等情况尚未确定；符合办理减免税货物税款担保条件；正在办理延期缴纳税款手续；办理汇总征税业务；因残损、品质不良或者规格不符，纳税人、扣缴义务人申报进口或者出口无代价抵偿货物时，原进口货物尚未退运出境或者尚未放弃交由海关处理，或者原出口货物尚未退运进境。

文件依据：《中华人民共和国海关进出口货物征税管理办法》（海关总署令第272号）。

83. 某公司已取得相关政策规定的享受进出口税收优惠政策资格的证明材料，向主管海关申请办理减免税审核确认手续还需提交什么材料？

答：减免税申请人按照有关进出口税收优惠政策的规定申请减免税进出口相关货物，应当在货物申报进出口前，取得相关政策规定的享受进出口税收优惠政策资格的证明材料，并凭以下材料向主管海关申请办理减免税审核确认手续：

（一）《进出口货物征免税申请表》;

（二）事业单位法人证书或者国家机关设立文件、社会团体法人登记证书、民办非企业单位法人登记证书、基金会法人登记证书等证明材料;

（三）进出口合同、发票以及相关货物的产品情况资料。

文件依据：《中华人民共和国海关进出口货物减免税管理办法》（海关总署令第245号）。

84. 海关对减免税的审核时间是多久?

答： 主管海关应当自受理减免税审核确认申请之日起10个工作日内，对减免税申请人主体资格、投资项目和进出口货物相关情况是否符合有关进出口税收优惠政策规定等情况进行审核，并出具进出口货物征税、减税或者免税的确认意见，制发《中华人民共和国海关进出口货物征免税确认通知书》（以下简称《征免税确认通知书》）。

有下列情形之一，主管海关不能在上述规定期限内出具确认意见的，应当向减免税申请人说明理由：

（一）有关进出口税收优惠政策规定不明确或者涉及其他部门管理职责，需要与相关部门进一步协商、核实有关情况的;

（二）需要对货物进行化验、鉴定等，以确定其是否符合有关进出口税收优惠政策规定的。

有上述规定情形的，主管海关应当自情形消除之日起10个工作日内，出具进出口货物征税、减税或者免税的确认意见，并制发《征免税确认通知书》。

文件依据：《中华人民共和国海关进出口货物减免税管理办法》（海关总署令第245号）。

85. 是否可以申请撤销海关出具的《征免税确认通知书》?

答：减免税申请人需要变更或者撤销已出具的《征免税确认通知书》的，应当在《征免税确认通知书》有效期内向主管海关提出申请，并随附相关材料。

文件依据：《中华人民共和国海关进出口货物减免税管理办法》（海关总署令第245号）。

86. 《征免税确认通知书》有效期限届满未使用的，是否需要重新向主管海关申请办理减免税审核确认手续?

答：《征免税确认通知书》有效期限届满仍未使用的，其效力终止。减免税申请人需要减免税进出口该《征免税确认通知书》所列货物的，应当重新向主管海关申请办理减免税审核确认手续。

文件依据：《中华人民共和国海关进出口货物减免税管理办法》（海关总署令第245号）。

87. 在什么情形下，减免税申请人可以向海关申请办理有关货物凭税款担保先予放行手续?

答：有下列情形之一的，减免税申请人可以向海关申请办理有关货物凭税款担保先予放行手续：

（一）有关进出口税收优惠政策或者其实施措施明确规定的；

（二）主管海关已经受理减免税审核确认申请，尚未办理完毕的；

（三）有关进出口税收优惠政策已经国务院批准，具体实施措施尚未明确，主管海关能够确认减免税申请人属于享受该政策范围的；

（四）其他经海关总署核准的情形。

文件依据：《中华人民共和国海关进出口货物减免税管理办法》（海关总署令第245号）。

88. 企业股东成员发生变更，在监管年限内的减免税设备需要办理哪些海关手续?

答：在海关监管年限内，减免税申请人发生分立、合并、股东变更、改制等主体变更情形的，权利义务承受人应当自变更登记之日起30日内，向原减免税申请人的主管海关报告主体变更情况以及有关减免税货物的情况。

经原减免税申请人主管海关审核，需要补征税款的，权利义务承受人应当向原减免税申请人主管海关办理补税手续；可以继续享受减免税待遇的，权利义务承受人应当按照规定申请办理减免税货物结转等相关手续。

文件依据：《中华人民共和国海关进出口货物减免税管理办法》（海关总署令第245号）。

89. 海关会对在监管年限内的减免税设备使用情况实施稽查吗？

答：在海关监管年限内及其后3年内，海关依照《中华人民共和国海关法》《中华人民共和国海关稽查条例》等有关规定，对有关企业、单位进口和使用减免税货物情况实施稽查。

文件依据：《中华人民共和国海关进出口货物减免税管理办法》（海关总署令第245号）。

90. 某公司是否可以将在监管年限内的减免税设备暂时移出主管海关管辖地使用，之后再返回企业使用？

答：在海关监管年限内，减免税货物应当在主管海关审核同意的地点使用。除有关进口税收优惠政策实施措施另有规定外，减免税货物需要变更使用地点的，减免税申请人应当向主管海关提出申请，并说明理由；经主管海关审核同意的，可以变更使用地点。

减免税货物需要移出主管海关管辖地使用的，减免税申请人应当向主管海关申请办理异地监管手续，并随附相关材料。

经主管海关审核同意并通知转入地海关后，减免税申请人可以将减免税货物运至转入地海关管辖地，并接受转入地海关监管。

减免税货物在异地使用结束后，减免税申请人应当及时向转入地海关申请办结异地监管手续。经转入地海关审核同意并通知主管海关后，减免税申请人应当将减免税货物运回主管海关管辖地。

文件依据：《中华人民共和国海关进出口货物减免税管理办法》（海关总署令第245号）。

91. 某公司是否可以将仍处于海关监管期限内的减免税设备抵押给境内金融机构?

答： 在海关监管年限内，减免税申请人要求以减免税货物向银行或者非银行金融机构办理贷款抵押的，应当向主管海关提出申请，随附相关材料，并以海关依法认可的财产、权利提供税款担保。

主管海关应当对减免税申请人提交的申请材料是否齐全、有效，填报是否规范等进行审核，必要时可以实地了解减免税申请人经营状况、减免税货物使用状况等相关情况。经审核符合规定的，主管海关应当制发《中华人民共和国海关准予办理减免税货物贷款抵押通知书》；不符合规定的，应当制发《中华人民共和国海关不准予办理减免税货物贷款抵押通知书》。

减免税申请人不得以减免税货物向银行或者非银行金融机构以外的自然人、法人或者非法人组织办理贷款抵押。

文件依据：《中华人民共和国海关进出口货物减免税管理办法》（海关总署令第245号）。

92. 某公司在设备征税放行后，发现这批设备实际上可以享受减免税政策，是否可以补办减免税手续？

答： 除有关进出口税收优惠政策或者其实施措施另有规定外，进出口货物征税放行后，减免税申请人申请补办减免税审核确认手续的，海关不予受理。

文件依据： 中华人民共和国海关进出口货物减免税管理办法（海关总署令第245号）。

93. 某公司的一批减免税设备在海关监管年限内，其每年何时向海关递交《减免税货物使用状况报告书》？

答： 在海关监管年限内，减免税申请人应当于每年6月30日（含当日）以前向主管海关提交《减免税货物使用状况报告书》，报告减免税货物使用状况。超过规定期限未提交的，海关按照有关规定将其列入信用信息异常名录。

文件依据：《中华人民共和国海关进出口货物减免税管理办法》（海关总署令第245号）。

94. 企业如未在规定时间前向主管海关提交减免税年报，海关会如何处理？对企业信用状况有影响吗？

答：减免税申请人未按照海关相关规定报告其减免税货物使用状况，向海关申请办理减免税审核确认、减免税货物税款担保、减免税货物后续管理等相关业务的，海关不予受理。减免税申请人补报后，海关可以受理。

文件依据：《中华人民共和国海关进出口货物减免税管理办法》（海关总署令第245号）。

95. 《减免税货物使用状况报告书》应在哪个系统报送？

答：减免税申请人使用电子口岸Ikey卡登录中国国际贸易单一窗口，进入业务应用—口岸执法申报—货物申报—减免税后续模块进行填报。操作流程指引可通过服务支持——用户手册下载“中国国际贸易单一窗口标准版用户手册（减免税）”了解。也可以通过“互联网+海关”—税费业务—进出口货物减免税—减免税后续申报。

96. 某公司为进口的机器设备向海关申请的《征免税证明》即将到期，但是供应商不能及时发货，是否可以申请对《征免税证明》延期？怎样办理？

答：《征免税确认通知书》有效期限不超过6个月，减免税申请人应当在有效期内向申报地海关办理有关进出口货物申报手续；不能在有效期内办理，需要延期的，应当在有效期内向主管海关申请办理延期手续。《征免税确认通知书》可以延期一次，延长期限不得超过6个月。

《征免税确认通知书》有效期限届满仍未使用的，其效力终止。减免税申请人需要减免税进出口该《征免税确认通知书》所列货物的，应当重新向主管海关申请办理减免税审核确认手续。

文件依据：《中华人民共和国海关进出口货物减免税管理办法》（海关总署令第245号）。

97. 某公司将仍在监管年限内的减免税设备，转让给进口同一货物享受同等减免税优惠待遇的其他单位，需要办理什么手续？

答： 在海关监管年限内，减免税申请人需要将减免税货物转让给进口同一货物享受同等减免税优惠待遇的其他单位的，应当按照下列规定办理减免税货物结转手续：

（一）减免税货物的转出申请人向转出地主管海关提出申请，并随附相关材料。转出地主管海关审核同意后，通知转入地主管海关。

（二）减免税货物的转入申请人向转入地主管海关申请办理减免税审核确认手续。转入地主管海关审核同意后，制发《征免税确认通知书》。

（三）结转减免税货物的监管年限应当连续计算，转入地主管海关在剩余监管年限内对结转减免税货物继续实施后续监管。

转入地海关和转出地海关为同一海关的，参照上述第一款规定办理。

文件依据：《中华人民共和国海关进出口货物减免税管理办法》（海关总署令第245号）。

98. 在海关监管年限内，减免税申请人要求将减免税货物退运出境或出口，应该申报什么“监管方式”？

答：将减免税货物退运出境或出口，报关单的“监管方式”栏目应按照贸易实际进行填报。

文件依据：《关于〈中华人民共和国海关进出口货物减免税管理办法〉实施有关事项的公告》（海关总署公告2021年第16号）。

99. 计算减免税货物补征税款时，已进口时间的截止日期如何确定？

答：按照《中华人民共和国海关进出口货物减免税管理办法》第二十九条规定计算减免税货物补税的计税价格的，应当按以下情形确定货物已进口时间的截止日期：

（一）转让减免税货物的，应当以主管海关接受减免税申请人申请办理补税手续之日作为截止之日；

（二）减免税申请人未经海关批准，擅自转让减免税货物的，应当以货物实际转让之日作为截止之日；实际转让之日不能确定的，应当以海关发现之日作为截止之日；

（三）在海关监管年限内，减免税申请人发生主体变更情形的，应当以变更登记之日作为截止之日；

（四）在海关监管年限内，减免税申请人发生破产、撤销、解散或者其他依法终止经营情形的，应当以人民法院宣告减免税申请人破产之日或者减免税申请人被依法认定终止生产经营活动之日作为截止之日；

（五）减免税货物提前解除监管的，应当以主管海关接受减免税申请人申请办理补缴税款手续之日作为截止之日。

文件依据：《中华人民共和国海关进出口货物减免税管理办法》（海关总署令第245号）。

100. 某公司的减免税设备已经过了海关监管期限，是否需要到海关申请解除监管的证明？

答：减免税货物海关监管年限届满的，自动解除监管。

对海关监管年限内的减免税货物，减免税申请人要求提前解除监管的，应当向主管海关提出申请，并办理补缴税款手续。进口时免予提交许可证件的减免税货物，按照国家有关规定需要补办许可证件的，减免税申请人在办理补缴税款手续时还应当补交有关许可证件。有关减免税货物自办结上述手续之日起，解除海关监管。

减免税申请人可以自减免税货物解除监管之日起1年内，向主管海关申领《中华人民共和国海关进口减免税货物解除监管证明》。

文件依据：《中华人民共和国海关进出口货物减免税管理办法》（海关总署令第245号）。

101. 在海关监管年限内的减免税货物退运出境后，如何办理对原进口减免税货物解除监管的手续？

答： 在海关监管年限内，减免税申请人要求将减免税货物退运出境或者出口的，应当经主管海关审核同意，并办理相关手续。

减免税货物自退运出境或者出口之日起，解除海关监管，海关不再对退运出境或者出口的减免税货物补征相关税款。

文件依据：《中华人民共和国海关进出口货物减免税管理办法》（海关总署令第245号）。

102. 同一批货物的原产地不同，应该怎么申报？

答： 同一批货物的原产地不同时，应当分别申报原产地。

文件依据：《中华人民共和国进出口货物原产地条例》。

103. 办理出口货物原产地证书时，产品预先核实手续是由进出口公司办理还是生产企业办理？

答： 产品预先核实手续应由生产企业办理。

104. 优惠贸易协定项下的报关单能适用“自报自缴”模式吗?

答：根据《关于扩大自主申报、自行缴税适用范围的公告》的规定，为加快推进税收征管方式改革，海关总署决定扩大自主申报、自行缴税（“自报自缴”）适用范围。优惠贸易协定项下进口报关单均可适用“自报自缴”模式。

文件依据：《关于扩大自主申报、自行缴税适用范围的公告》（海关总署公告2018年第24号）。

105. 如何认定经过几个国家（地区）加工的货物的原产地?

答：完全在一个国家（地区）获得的货物，以该国（地区）为原产地；两个以上国家（地区）参与生产的货物，以最后完成实质性改变的国家（地区）为原产地。

文件依据：《中华人民共和国进出口货物原产地条例》。

106. 原产地证书审核通过后，在哪里可以打印?

答：原产地证书申请人或其代理人可通过中国国际贸易单一窗口或“互联网+海关”一体化网上办事平台，自行打印海关审核通过的版式化原产地证书，打印证书种类详见《关于全面推广原产地证书自助打印的公告》附件。

文件依据：《关于全面推广原产地证书自助打印的公告》（海关总署公告2019年第77号）。

107. 是否可以自主打印输新加坡的《中华人民共和国与东南亚国家联盟全面经济合作框架协议》项下原产地证书？

答： 为进一步优化口岸营商环境，促进跨境贸易便利化，海关总署决定自2020年5月11日起，在原有15种自助打印原产地证书基础上，增加输印度尼西亚和新加坡的《中华人民共和国与东南亚国家联盟全面经济合作框架协议》项下原产地证书以及输印度的《亚洲—太平洋贸易协定》项下原产地证书，均为可自助打印证书。

文件依据：《关于扩大自助打印原产地证书范围的公告》（海关总署公告2020年第63号）。

108. 《中华人民共和国海关经核准出口商管理办法》中的经核准出口商指的是什么？

答： 该办法所称的经核准出口商，是指经海关依法认定，可以对其出口或者生产的、具备相关优惠贸易协定项下原产资格的货物开具原产地声明的企业。

文件依据：《中华人民共和国海关经核准出口商管理办法》（海关总署令第254号）。

109. 经核准出口商认定的有效期是多久?

答： 经核准出口商认定的有效期为3年。

经核准出口商可以在有效期届满前3个月内，向主管海关书面申请续展。每次续展的有效期为3年。

文件依据：《中华人民共和国海关经核准出口商管理办法》(海关总署令第254号)。

110. 经核准出口商应当符合什么条件?

答： 经核准出口商应当符合以下条件：

(一) 海关高级认证企业；

(二) 掌握相关优惠贸易协定项下原产地规则；

(三) 建立完备的原产资格文件管理制度。

文件依据：《中华人民共和国海关经核准出口商管理办法》(海关总署令第254号)。

附　录[1]

中华人民共和国海关进出口货物商品归类管理规定

（2021 年 9 月 6 日海关总署令第 252 号公布　自 2021 年 11 月 1 日起施行　根据 2024 年 10 月 28 日海关总署令第 273 号《海关总署关于修改部分规章的决定》修正）

第一条　为了规范进出口货物的商品归类，保证商品归类的准确性和统一性，根据《中华人民共和国海关法》（以下简称《海关法》）、《中华人民共和国关税法》（以下简称《关税法》）以及其他有关法律、行政法规的规定，制定本规定。

第二条　进出口货物的商品归类，应当按照《中华人民共和国进出口税则》规定的目录条文和归类总规则、类注、章注、子目注释、本国子目注释，以及其他归类注释确定，并归入相应的税则号列。

进出口货物相关的国家标准、行业标准等可以作为商品归类的参考。

第三条　进出口货物收发货人或者其代理人（以下简称收发货人或者其代理人）对进出口货物进行商品归类，以及海关依法确定商品归类，适用本规定。

第四条　进出口货物的商品归类应当遵循客观、准确、统一的原则。

第五条　进出口货物的商品归类应当按照收发货人或者其代理人向海关申报时货物的实际状态确定。以提前申报方式进出口的货

1　本附录仅收录使用频率较高的规章和规范性文件，按前文出现顺序排列。

物，商品归类应当按照货物运抵海关监管区时的实际状态确定。法律、行政法规和海关总署规章另有规定的，依照有关规定办理。

第六条　由同一运输工具同时运抵同一口岸并且属于同一收货人、使用同一提单的多种进口货物，按照商品归类规则应当归入同一税则号列的，该收货人或者其代理人应当将有关商品一并归入该税则号列向海关申报。法律、行政法规和海关总署规章另有规定的，依照有关规定办理。

第七条　收发货人或者其代理人应当依照法律、行政法规以及其他相关规定，如实、准确申报其进出口货物的商品名称、规格型号等事项，并且对其申报的进出口货物进行商品归类，确定相应的税则号列。

第八条　海关在依法确定收发货人或者其代理人申报的商品归类事项时，可以依照《海关法》和《关税法》的规定行使下列权力，收发货人或者其代理人应当予以配合：

（一）查阅、复制有关单证、资料；

（二）要求收发货人或者其代理人提供必要的样品及相关商品资料，包括外文资料的中文译文并且对译文内容负责；

（三）组织对进出口货物实施化验、检验。

收发货人或者其代理人隐瞒有关情况，或者拖延、拒绝提供有关单证、资料的，海关可以依法确定进出口货物的商品归类。

第九条　必要时，海关可以要求收发货人或者其代理人补充申报。

第十条　收发货人或者其代理人向海关提供的资料涉及商业秘密、未披露信息或者保密商务信息，要求海关予以保密的，应当以书面方式向海关提出保密要求，并且具体列明需要保密的内容。收发货人或者其代理人不得以商业秘密为理由拒绝向海关提供有关资料。

海关按照国家有关规定承担保密义务。

第十一条 必要时，海关可以依据《中华人民共和国进出口税则》《进出口税则商品及品目注释》等其他归类注释和国家标准、行业标准，以及海关化验方法等，对进出口货物的属性、成分、含量、结构、品质、规格等进行化验、检验，并将化验、检验结果作为商品归类的依据。

第十二条 海关对进出口货物实施取样化验、检验的，收发货人或者其代理人应当到场协助，负责搬移货物，开拆和重封货物的包装，并按照海关要求签字确认。

收发货人或者其代理人拒不到场，或者海关认为必要时，海关可以径行取样，并通知货物存放场所的经营人或者运输工具负责人签字确认。

第十三条 收发货人或者其代理人应当及时提供化验、检验样品的相关单证和技术资料，并对其真实性和有效性负责。

第十四条 除特殊情况外，海关技术机构应当自收到送检样品之日起15日内作出化验、检验结果。

第十五条 除特殊情况外，海关应当在化验、检验结果作出后的1个工作日内，将相关信息通知收发货人或者其代理人。收发货人或者其代理人要求提供化验、检验结果纸本的，海关应当提供。

第十六条 其他化验、检验机构作出的化验、检验结果与海关技术机构或者海关委托的化验、检验机构作出的化验、检验结果不一致的，以海关认定的化验、检验结果为准。

第十七条 收发货人或者其代理人对化验、检验结果有异议的，可以在收到化验、检验结果之日起15日内向海关提出书面复验申请，海关应当组织复验。

已经复验的，收发货人或者其代理人不得对同一样品再次申请复验。

第十八条 海关发现收发货人或者其代理人申报的商品归类不准确的，按照商品归类的有关规定予以重新确定，并且按照报关单修改和撤销有关规定予以办理。

收发货人或者其代理人发现其申报的商品归类需要修改的，应当按照报关单修改和撤销有关规定向海关提出申请。

第十九条 海关依法对货物的商品归类确定前，收发货人或者其代理人要求放行货物的，应当按照海关事务担保的有关规定提供担保。

国家对进出境货物有限制性规定，应当提供许可证件而不能提供的，以及法律、行政法规规定不得担保的其他情形，海关不得办理担保放行。

第二十条 收发货人或者其代理人就其进出口货物的商品归类提出行政裁定、预裁定申请的，应当按照行政裁定、预裁定管理的有关规定办理。

第二十一条 海关总署可以依据有关法律、行政法规规定，对进出口货物作出具有普遍约束力的商品归类决定，并对外公布。

进出口相同货物，应当适用相同的商品归类决定。

第二十二条 作出商品归类决定所依据的法律、行政法规以及其他相关规定发生变化的，商品归类决定同时失效。

商品归类决定失效的，应当由海关总署对外公布。

第二十三条 海关总署发现商品归类决定需要修改的，应当及时予以修改并对外公布。

第二十四条 海关总署发现商品归类决定存在错误的，应当及时予以撤销并对外公布。

第二十五条 因商品归类引起退税或者补征、追征税款以及征收滞纳金的，依照有关法律、行政法规以及海关总署规章的规定办理。

第二十六条 违反本规定，构成走私行为、违反海关监管规定行为或者其他违反《海关法》行为的，由海关依照《海关法》《中华人民共和国海关行政处罚实施条例》等有关规定予以处理；构成犯罪的，依法追究刑事责任。

第二十七条 同一税则号列项下其他商品编号的确定，按照相关规定办理。

第二十八条 本规定由海关总署负责解释。

第二十九条 本规定自2021年11月1日起施行。2007年3月2日海关总署令第158号公布、2014年3月13日海关总署令第218号修改的《中华人民共和国海关进出口货物商品归类管理规定》，2008年10月13日海关总署令第176号公布的《中华人民共和国海关化验管理办法》同时废止。

中华人民共和国海关预裁定管理暂行办法

（2017年12月26日海关总署令第236号公布　自2018年2月1日起施行　根据2024年10月28日海关总署令第273号《海关总署关于修改部分规章的决定》修正）

第一条　为了促进贸易安全与便利，优化营商环境，增强企业对进出口贸易活动的可预期性，根据《中华人民共和国海关法》以及有关法律、行政法规和我国政府缔结或者加入的有关国际条约、协定的规定，制定本办法。

第二条　在货物实际进出口前，海关应申请人的申请，对其与实际进出口活动有关的海关事务作出预裁定，适用本办法。

第三条　在货物实际进出口前，申请人可以就下列海关事务申请预裁定：

（一）进出口货物的商品归类；

（二）进出口货物的原产地或者原产资格；

（三）进口货物计税价格相关要素、估价方法；

（四）海关总署规定的其他海关事务。

前款所称“计税价格相关要素”，包括特许权使用费、佣金、运保费、特殊关系，以及其他与确定计税价格有关的要素。

第四条　预裁定的申请人应当是与实际进出口活动有关，并且在海关备案登记的对外贸易经营者。

第五条　申请人申请预裁定的，应当提交《中华人民共和国海关预裁定申请书》（以下简称《预裁定申请书》）以及海关要求的有关材料。材料为外文的，申请人应当同时提交符合海关要求的中文译本。

申请人应当对提交材料的真实性、准确性、完整性、规范性承担法律责任。

第六条 申请人需要海关为其保守商业秘密的，应当以书面方式向海关提出要求，并且列明具体内容。海关按照国家有关规定承担保密义务。

第七条 申请人应当在货物拟进出口3个月之前向其备案地直属海关提出预裁定申请。

特殊情况下，申请人确有正当理由的，可以在货物拟进出口前3个月内提出预裁定申请。

一份《预裁定申请书》应当仅包含一类海关事务。

第八条 海关应当自收到《预裁定申请书》以及相关材料之日起10日内审核决定是否受理该申请，制发《中华人民共和国海关预裁定申请受理决定书》或者《中华人民共和国海关预裁定申请不予受理决定书》。

申请材料不符合有关规定的，海关应当在决定是否受理前一次性告知申请人在规定期限内进行补正，制发《中华人民共和国海关预裁定申请补正通知书》。补正申请材料的期间，不计入本条第一款规定的期限内。

申请人未在规定期限内提交材料进行补正的，视为未提出预裁定申请。

海关自收到《预裁定申请书》以及相关材料之日起10日内未作出是否受理的决定，也没有一次性告知申请人进行补正的，自收到材料之日起即为受理。

第九条 有下列情形之一的，海关应当作出不予受理决定，并且说明理由：

（一）申请不符合本办法第三条、第四条、第五条或者第七条规定的；

（二）海关规章、海关总署公告已经对申请预裁定的海关事务有明确规定的；

（三）申请人就同一事项已经提出预裁定申请并且被受理的。

第十条 海关对申请人申请预裁定的海关事务应当依据有关法律、行政法规、海关规章以及海关总署公告作出预裁定决定，制发《中华人民共和国海关预裁定决定书》（以下简称《预裁定决定书》）。

作出预裁定决定过程中，海关可以要求申请人在规定期限内提交与申请海关事务有关的材料或者样品；申请人也可以向海关补充提交有关材料。

第十一条 海关应当自受理之日起60日内制发《预裁定决定书》。

《预裁定决定书》应当送达申请人，并且自送达之日起生效。

需要通过化验、检测、鉴定、专家论证或者其他方式确定有关情况的，所需时间不计入本条第一款规定的期限内。

第十二条 有下列情形之一的，海关可以终止预裁定，并且制发《中华人民共和国海关终止预裁定决定书》：

（一）申请人在预裁定决定作出前以书面方式向海关申明撤回其申请，海关同意撤回的；

（二）申请人未按照海关要求提供有关材料或者样品的；

（三）由于申请人原因致使预裁定决定未能在第十一条第一款规定的期限内作出的。

第十三条 预裁定决定有效期为3年。

预裁定决定所依据的法律、行政法规、海关规章以及海关总署公告相关规定发生变化，影响其效力的，预裁定决定自动失效。

申请人就海关对其作出的预裁定决定所涉及的事项，在有效期内不得再次申请预裁定。

第十四条 预裁定决定对于其生效前已经实际进出口的货物没有溯及力。

第十五条 申请人在预裁定决定有效期内进出口与预裁定决定列明情形相同的货物，应当按照预裁定决定申报，海关予以认可。

第十六条 已生效的预裁定决定有下列情形之一的，由海关予以撤销，并且通知申请人：

（一）因申请人提供的材料不真实、不准确、不完整，造成预裁定决定需要撤销的；

（二）预裁定决定错误的；

（三）其他需要撤销的情形。

撤销决定自作出之日起生效。依照前款第（一）项的规定撤销预裁定决定的，经撤销的预裁定决定自始无效。

第十七条 除涉及商业秘密的外，海关可以对外公开预裁定决定的内容。

第十八条 申请人对预裁定决定不服的，可以向海关总署申请行政复议；对复议决定不服的，可以依法向人民法院提起行政诉讼。

第十九条 申请人提供虚假材料或者隐瞒相关情况的，海关给予警告，可以处1万元以下罚款。

第二十条 本办法列明的法律文书，由海关总署另行制定格式文本并且发布。

本办法关于期限规定的“日”是指自然日。

第二十一条 本办法由海关总署负责解释。

第二十二条 本办法自2018年2月1日起施行。

中华人民共和国关税法

（2024 年 4 月 26 日第十四届全国人民代表大会常务委员会第九次会议通过）

目 录

第一章 总 则

第一条 为了规范关税的征收和缴纳，维护进出口秩序，促进对外贸易，推进高水平对外开放，推动高质量发展，维护国家主权和利益，保护纳税人合法权益，根据宪法，制定本法。

第二条 中华人民共和国准许进出口的货物、进境物品，由海关依照本法和有关法律、行政法规的规定征收关税。

第三条 进口货物的收货人、出口货物的发货人、进境物品的携带人或者收件人，是关税的纳税人。

从事跨境电子商务零售进口的电子商务平台经营者、物流企业和报关企业，以及法律、行政法规规定负有代扣代缴、代收代缴关税税款义务的单位和个人，是关税的扣缴义务人。

第四条 进出口货物的关税税目、税率以及税目、税率的适用规则等，依照本法所附《中华人民共和国进出口税则》（以下简称《税则》）执行。

第五条 个人合理自用的进境物品，按照简易征收办法征收关税。超过个人合理自用数量的进境物品，按照进口货物征收关税。

个人合理自用的进境物品，在规定数额以内的免征关税。

进境物品关税简易征收办法和免征关税数额由国务院规定，报全国人民代表大会常务委员会备案。

第六条 关税工作坚持中国共产党的领导，贯彻落实党和国家路线方针政策、决策部署，为国民经济和社会发展服务。

第七条 国务院设立关税税则委员会，履行下列职责：

（一）审议关税工作重大规划，拟定关税改革发展方案，并组织实施；

（二）审议重大关税政策和对外关税谈判方案；

（三）提出《税则》调整建议；

（四）定期编纂、发布《税则》；

（五）解释《税则》的税目、税率；

（六）决定征收反倾销税、反补贴税、保障措施关税，实施国务院决定的其他关税措施；

（七）法律、行政法规和国务院规定的其他职责。

国务院关税税则委员会的组成和工作规则由国务院规定。

第八条 海关及其工作人员对在履行职责中知悉的纳税人、扣缴义务人的商业秘密、个人隐私、个人信息，应当依法予以保密，不得泄露或者非法向他人提供。

第二章　税目和税率

第九条　关税税目由税则号列和目录条文等组成。

关税税目适用规则包括归类规则等。进出口货物的商品归类，应当按照《税则》规定的目录条文和归类总规则、类注、章注、子目注释、本国子目注释，以及其他归类注释确定，并归入相应的税则号列。

根据实际需要，国务院关税税则委员会可以提出调整关税税目及其适用规则的建议，报国务院批准后发布执行。

第十条　进口关税设置最惠国税率、协定税率、特惠税率、普通税率。

出口关税设置出口税率。

对实行关税配额管理的进出口货物，设置关税配额税率。

对进出口货物在一定期限内可以实行暂定税率。

第十一条　关税税率的适用应当符合相应的原产地规则。

完全在一个国家或者地区获得的货物，以该国家或者地区为原产地；两个以上国家或者地区参与生产的货物，以最后完成实质性改变的国家或者地区为原产地。国务院根据中华人民共和国缔结或者共同参加的国际条约、协定对原产地的确定另有规定的，依照其规定。

进口货物原产地的具体确定，依照本法和国务院及其有关部门的规定执行。

第十二条　原产于共同适用最惠国待遇条款的世界贸易组织成员的进口货物，原产于与中华人民共和国缔结或者共同参加含有相互给予最惠国待遇条款的国际条约、协定的国家或者地区的进口货物，以及原产于中华人民共和国境内的进口货物，适用最惠国税率。

原产于与中华人民共和国缔结或者共同参加含有关税优惠条款

的国际条约、协定的国家或者地区且符合国际条约、协定有关规定的进口货物，适用协定税率。

原产于中华人民共和国给予特殊关税优惠安排的国家或者地区且符合国家原产地管理规定的进口货物，适用特惠税率。

原产于本条第一款至第三款规定以外的国家或者地区的进口货物，以及原产地不明的进口货物，适用普通税率。

第十三条 适用最惠国税率的进口货物有暂定税率的，适用暂定税率。

适用协定税率的进口货物有暂定税率的，从低适用税率；其最惠国税率低于协定税率且无暂定税率的，适用最惠国税率。

适用特惠税率的进口货物有暂定税率的，从低适用税率。

适用普通税率的进口货物，不适用暂定税率。

适用出口税率的出口货物有暂定税率的，适用暂定税率。

第十四条 实行关税配额管理的进出口货物，关税配额内的适用关税配额税率，有暂定税率的适用暂定税率；关税配额外的，其税率的适用按照本法第十二条、第十三条的规定执行。

第十五条 关税税率的调整，按照下列规定执行：

（一）需要调整中华人民共和国在加入世界贸易组织议定书中承诺的最惠国税率、关税配额税率和出口税率的，由国务院关税税则委员会提出建议，经国务院审核后报全国人民代表大会常务委员会决定。

（二）根据实际情况，在中华人民共和国加入世界贸易组织议定书中承诺的范围内调整最惠国税率、关税配额税率和出口税率，调整特惠税率适用的国别或者地区、货物范围和税率，或者调整普通税率的，由国务院决定，报全国人民代表大会常务委员会备案。

（三）特殊情况下最惠国税率的适用，由国务院决定，报全国人民代表大会常务委员会备案。

协定税率在完成有关国际条约、协定的核准或者批准程序后，由国务院关税税则委员会组织实施。

实行暂定税率的货物范围、税率和期限由国务院关税税则委员会决定。

与关税税目调整相关的税率的技术性转换，由国务院关税税则委员会提出建议，报国务院批准后执行。

关税税率依照前四款规定调整的，由国务院关税税则委员会发布。

第十六条 依法对进口货物征收反倾销税、反补贴税、保障措施关税的，其税率的适用按照有关反倾销、反补贴和保障措施的法律、行政法规的规定执行。

第十七条 任何国家或者地区不履行与中华人民共和国缔结或者共同参加的国际条约、协定中的最惠国待遇条款或者关税优惠条款，国务院关税税则委员会可以提出按照对等原则采取相应措施的建议，报国务院批准后执行。

第十八条 任何国家或者地区违反与中华人民共和国缔结或者共同参加的国际条约、协定，对中华人民共和国在贸易方面采取禁止、限制、加征关税或者其他影响正常贸易的措施的，对原产于该国家或者地区的进口货物可以采取征收报复性关税等措施。

征收报复性关税的货物范围、适用国别或者地区、税率、期限和征收办法，由国务院关税税则委员会提出建议，报国务院批准后执行。

第十九条 涉及本法第十六条、第十七条、第十八条规定措施的进口货物，纳税人未提供证明材料，或者提供了证明材料但经海关审核仍无法排除该货物原产于被采取规定措施的国家或者地区的，对该货物适用下列两项税率中较高者：

（一）因采取规定措施对相关货物所实施的最高税率与按照本法

第十二条、第十三条、第十四条规定适用的税率相加后的税率；

（二）普通税率。

第二十条 进出口货物、进境物品，应当适用纳税人、扣缴义务人完成申报之日实施的税率。

进口货物到达前，经海关核准先行申报的，应当适用装载该货物的运输工具申报进境之日实施的税率。

第二十一条 有下列情形之一的，应当适用纳税人、扣缴义务人办理纳税手续之日实施的税率：

（一）保税货物不复运出境，转为内销；

（二）减免税货物经批准转让、移作他用或者进行其他处置；

（三）暂时进境货物不复运出境或者暂时出境货物不复运进境；

（四）租赁进口货物留购或者分期缴纳税款。

第二十二条 补征或者退还关税税款，应当按照本法第二十条或者第二十一条的规定确定适用的税率。

因纳税人、扣缴义务人违反规定需要追征税款的，应当适用违反规定行为发生之日实施的税率；行为发生之日不能确定的，适用海关发现该行为之日实施的税率。

第三章 应纳税额

第二十三条 关税实行从价计征、从量计征、复合计征的方式征收。

实行从价计征的，应纳税额按照计税价格乘以比例税率计算。

实行从量计征的，应纳税额按照货物数量乘以定额税率计算。

实行复合计征的，应纳税额按照计税价格乘以比例税率与货物数量乘以定额税率之和计算。

第二十四条 进口货物的计税价格以成交价格以及该货物运抵中华人民共和国境内输入地点起卸前的运输及其相关费用、保险费为基础确定。

进口货物的成交价格，是指卖方向中华人民共和国境内销售该货物时买方为进口该货物向卖方实付、应付的，并按照本法第二十五条、第二十六条规定调整后的价款总额，包括直接支付的价款和间接支付的价款。

进口货物的成交价格应当符合下列条件：

（一）对买方处置或者使用该货物不予限制，但法律、行政法规规定的限制、对货物转售地域的限制和对货物价格无实质性影响的限制除外；

（二）该货物的成交价格没有因搭售或者其他因素的影响而无法确定；

（三）卖方不得从买方直接或者间接获得因该货物进口后转售、处置或者使用而产生的任何收益，或者虽有收益但能够按照本法第二十五条、第二十六条的规定进行调整；

（四）买卖双方没有特殊关系，或者虽有特殊关系但未对成交价格产生影响。

第二十五条 进口货物的下列费用应当计入计税价格：

（一）由买方负担的购货佣金以外的佣金和经纪费；

（二）由买方负担的与该货物视为一体的容器的费用；

（三）由买方负担的包装材料费用和包装劳务费用；

（四）与该货物的生产和向中华人民共和国境内销售有关的，由买方以免费或者以低于成本的方式提供并可以按适当比例分摊的料件、工具、模具、消耗材料及类似货物的价款，以及在中华人民共和国境外开发、设计等相关服务的费用；

（五）作为该货物向中华人民共和国境内销售的条件，买方必须支付的、与该货物有关的特许权使用费；

（六）卖方直接或者间接从买方获得的该货物进口后转售、处置或者使用的收益。

第二十六条 进口时在货物的价款中列明的下列费用、税收，不计入该货物的计税价格：

（一）厂房、机械、设备等货物进口后进行建设、安装、装配、维修和技术服务的费用，但保修费用除外；

（二）进口货物运抵中华人民共和国境内输入地点起卸后的运输及其相关费用、保险费；

（三）进口关税及国内税收。

第二十七条 进口货物的成交价格不符合本法第二十四条第三款规定条件，或者成交价格不能确定的，海关经了解有关情况，并与纳税人进行价格磋商后，依次以下列价格估定该货物的计税价格：

（一）与该货物同时或者大约同时向中华人民共和国境内销售的相同货物的成交价格；

（二）与该货物同时或者大约同时向中华人民共和国境内销售的类似货物的成交价格；

（三）与该货物进口的同时或者大约同时，将该进口货物、相同或者类似进口货物在中华人民共和国境内第一级销售环节销售给无特殊关系买方最大销售总量的单位价格，但应当扣除本法第二十八条规定的项目；

（四）按照下列各项总和计算的价格：生产该货物所使用的料件成本和加工费用，向中华人民共和国境内销售同等级或者同种类货物通常的利润和一般费用，该货物运抵中华人民共和国境内输入地点起卸前的运输及其相关费用、保险费；

（五）以合理方法估定的价格。

纳税人可以向海关提供有关资料，申请调整前款第三项和第四项的适用次序。

第二十八条 按照本法第二十七条第一款第三项规定估定计税

价格，应当扣除下列项目：

（一）同等级或者同种类货物在中华人民共和国境内第一级销售环节销售时通常的利润和一般费用以及通常支付的佣金；

（二）进口货物运抵中华人民共和国境内输入地点起卸后的运输及其相关费用、保险费；

（三）进口关税及国内税收。

第二十九条 出口货物的计税价格以该货物的成交价格以及该货物运至中华人民共和国境内输出地点装载前的运输及其相关费用、保险费为基础确定。

出口货物的成交价格，是指该货物出口时卖方为出口该货物应当向买方直接收取和间接收取的价款总额。

出口关税不计入计税价格。

第三十条 出口货物的成交价格不能确定的，海关经了解有关情况，并与纳税人进行价格磋商后，依次以下列价格估定该货物的计税价格：

（一）与该货物同时或者大约同时向同一国家或者地区出口的相同货物的成交价格；

（二）与该货物同时或者大约同时向同一国家或者地区出口的类似货物的成交价格；

（三）按照下列各项总和计算的价格：中华人民共和国境内生产相同或者类似货物的料件成本、加工费用，通常的利润和一般费用，境内发生的运输及其相关费用、保险费；

（四）以合理方法估定的价格。

第三十一条 海关可以依申请或者依职权，对进出口货物、进境物品的计税价格、商品归类和原产地依法进行确定。

必要时，海关可以组织化验、检验，并将海关认定的化验、检验结果作为确定计税价格、商品归类和原产地的依据。

第四章　税收优惠和特殊情形关税征收

第三十二条　下列进出口货物、进境物品，免征关税：

（一）国务院规定的免征额度内的一票货物；

（二）无商业价值的广告品和货样；

（三）进出境运输工具装载的途中必需的燃料、物料和饮食用品；

（四）在海关放行前损毁或者灭失的货物、进境物品；

（五）外国政府、国际组织无偿赠送的物资；

（六）中华人民共和国缔结或者共同参加的国际条约、协定规定免征关税的货物、进境物品；

（七）依照有关法律规定免征关税的其他货物、进境物品。

第三十三条　下列进出口货物、进境物品，减征关税：

（一）在海关放行前遭受损坏的货物、进境物品；

（二）中华人民共和国缔结或者共同参加的国际条约、协定规定减征关税的货物、进境物品；

（三）依照有关法律规定减征关税的其他货物、进境物品。

前款第一项减征关税，应当根据海关认定的受损程度办理。

第三十四条　根据维护国家利益、促进对外交往、经济社会发展、科技创新需要或者由于突发事件等原因，国务院可以制定关税专项优惠政策，报全国人民代表大会常务委员会备案。

第三十五条　减免税货物应当依法办理手续。需由海关监管使用的减免税货物应当接受海关监管，在监管年限内转让、移作他用或者进行其他处置，按照国家有关规定需要补税的，应当补缴关税。

对需由海关监管使用的减免税进境物品，参照前款规定执行。

第三十六条　保税货物复运出境的，免征关税；不复运出境转为内销的，按照规定征收关税。加工贸易保税进口料件或者其制成品内销的，除按照规定征收关税外，还应当征收缓税利息。

第三十七条　暂时进境或者暂时出境的下列货物、物品，可以依法暂不缴纳关税，但该货物、物品应当自进境或者出境之日起六个月内复运出境或者复运进境；需要延长复运出境或者复运进境期限的，应当根据海关总署的规定向海关办理延期手续：

（一）在展览会、交易会、会议以及类似活动中展示或者使用的货物、物品；

（二）文化、体育交流活动中使用的表演、比赛用品；

（三）进行新闻报道或者摄制电影、电视节目使用的仪器、设备及用品；

（四）开展科研、教学、医疗卫生活动使用的仪器、设备及用品；

（五）在本款第一项至第四项所列活动中使用的交通工具及特种车辆；

（六）货样；

（七）供安装、调试、检测设备时使用的仪器、工具；

（八）盛装货物的包装材料；

（九）其他用于非商业目的的货物、物品。

前款所列货物、物品在规定期限内未复运出境或者未复运进境的，应当依法缴纳关税。

第三十八条　本法第三十七条规定以外的其他暂时进境的货物、物品，应当根据该货物、物品的计税价格和其在境内滞留时间与折旧时间的比例计算缴纳进口关税；该货物、物品在规定期限届满后未复运出境的，应当补足依法应缴纳的关税。

本法第三十七条规定以外的其他暂时出境货物，在规定期限届满后未复运进境的，应当依法缴纳关税。

第三十九条　因品质、规格原因或者不可抗力，出口货物自出口之日起一年内原状复运进境的，不征收进口关税。因品质、规格原因或者不可抗力，进口货物自进口之日起一年内原状复运出境的，不征收出口关税。

特殊情形下，经海关批准，可以适当延长前款规定的期限，具体办法由海关总署规定。

第四十条 因残损、短少、品质不良或者规格不符原因，进出口货物的发货人、承运人或者保险公司免费补偿或者更换的相同货物，进出口时不征收关税。被免费更换的原进口货物不退运出境或者原出口货物不退运进境的，海关应当对原进出口货物重新按照规定征收关税。

纳税人应当在原进出口合同约定的请求赔偿期限内且不超过原进出口放行之日起三年内，向海关申报办理免费补偿或者更换货物的进出口手续。

第五章 征收管理

第四十一条 关税征收管理可以实施货物放行与税额确定相分离的模式。

关税征收管理应当适应对外贸易新业态新模式发展需要，提升信息化、智能化、标准化、便利化水平。

第四十二条 进出口货物的纳税人、扣缴义务人可以按照规定选择海关办理申报纳税。

纳税人、扣缴义务人应当按照规定的期限和要求如实向海关申报税额，并提供相关资料。必要时，海关可以要求纳税人、扣缴义务人补充申报。

第四十三条 进出口货物的纳税人、扣缴义务人应当自完成申报之日起十五日内缴纳税款；符合海关规定条件并提供担保的，可以于次月第五个工作日结束前汇总缴纳税款。因不可抗力或者国家税收政策调整，不能按期缴纳的，经向海关申请并提供担保，可以延期缴纳，但最长不得超过六个月。

纳税人、扣缴义务人未在前款规定的纳税期限内缴纳税款的，自规定的期限届满之日起，按日加收滞纳税款万分之五的滞纳金。

税款尚未缴纳，纳税人、扣缴义务人依照有关法律、行政法规的规定申请提供担保要求放行货物的，海关应当依法办理担保手续。

第四十四条 进出口货物的纳税人在规定的纳税期限内有转移、藏匿其应税货物以及其他财产的明显迹象，或者存在其他可能导致无法缴纳税款风险的，海关可以责令其提供担保；纳税人不提供担保的，经直属海关关长或者其授权的隶属海关关长批准，海关可以实施下列强制措施：

（一）书面通知银行业金融机构冻结纳税人金额相当于应纳税款的存款、汇款；

（二）查封、扣押纳税人价值相当于应纳税款的货物或者其他财产。

纳税人在规定的纳税期限内缴纳税款的，海关应当立即解除强制措施。

第四十五条 自纳税人、扣缴义务人缴纳税款或者货物放行之日起三年内，海关有权对纳税人、扣缴义务人的应纳税额进行确认。

海关确认的应纳税额与纳税人、扣缴义务人申报的税额不一致的，海关应当向纳税人、扣缴义务人出具税额确认书。纳税人、扣缴义务人应当按照税额确认书载明的应纳税额，在海关规定的期限内补缴税款或者办理退税手续。

经海关确认应纳税额后需要补缴税款但未在规定的期限内补缴的，自规定的期限届满之日起，按日加收滞纳税款万分之五的滞纳金。

第四十六条 因纳税人、扣缴义务人违反规定造成少征或者漏征税款的，海关可以自缴纳税款或者货物放行之日起三年内追征税款，并自缴纳税款或者货物放行之日起，按日加收少征或者漏征税款万分之五的滞纳金。

第四十七条 对走私行为，海关追征税款、滞纳金的，不受前条规定期限的限制，并有权核定应纳税额。

第四十八条 海关发现海关监管货物因纳税人、扣缴义务人违反规定造成少征或者漏征税款的，应当自纳税人、扣缴义务人应缴纳税款之日起三年内追征税款，并自应缴纳税款之日起按日加收少征或者漏征税款万分之五的滞纳金。

第四十九条 海关可以对纳税人、扣缴义务人欠缴税款的情况予以公告。

纳税人未缴清税款、滞纳金且未向海关提供担保的，经直属海关关长或者其授权的隶属海关关长批准，海关可以按照规定通知移民管理机构对纳税人或者其法定代表人依法采取限制出境措施。

第五十条 纳税人、扣缴义务人未按照规定的期限缴纳或者解缴税款的，由海关责令其限期缴纳；逾期仍未缴纳且无正当理由的，经直属海关关长或者其授权的隶属海关关长批准，海关可以实施下列强制执行措施：

（一）书面通知银行业金融机构划拨纳税人、扣缴义务人金额相当于应纳税款的存款、汇款；

（二）查封、扣押纳税人、扣缴义务人价值相当于应纳税款的货物或者其他财产，依法拍卖或者变卖所查封、扣押的货物或者其他财产，以拍卖或者变卖所得抵缴税款，剩余部分退还纳税人、扣缴义务人。

海关实施强制执行时，对未缴纳的滞纳金同时强制执行。

第五十一条 海关发现多征税款的，应当及时通知纳税人办理退还手续。

纳税人发现多缴税款的，可以自缴纳税款之日起三年内，向海关书面申请退还多缴的税款。海关应当自受理申请之日起三十日内查实并通知纳税人办理退还手续，纳税人应当自收到通知之日起三个月内办理退还手续。

第五十二条 有下列情形之一的，纳税人自缴纳税款之日起一年内，可以向海关申请退还关税：

（一）已征进口关税的货物，因品质、规格原因或者不可抗力，一年内原状复运出境；

（二）已征出口关税的货物，因品质、规格原因或者不可抗力，一年内原状复运进境，并已重新缴纳因出口而退还的国内环节有关税收；

（三）已征出口关税的货物，因故未装运出口，申报退关。

申请退还关税应当以书面形式提出，并提供原缴款凭证及相关资料。海关应当自受理申请之日起三十日内查实并通知纳税人办理退还手续。纳税人应当自收到通知之日起三个月内办理退还手续。

按照其他有关法律、行政法规规定应当退还关税的，海关应当依法予以退还。

第五十三条 按照规定退还关税的，应当加算银行同期活期存款利息。

第五十四条 对规避本法第二章、第三章有关规定，不具有合理商业目的而减少应纳税额的行为，国家可以采取调整关税等反规避措施。

第五十五条 报关企业接受纳税人的委托，以纳税人的名义办理报关纳税手续，因报关企业违反规定造成海关少征、漏征税款的，报关企业对少征或者漏征的税款及其滞纳金与纳税人承担纳税的连带责任。

报关企业接受纳税人的委托，以报关企业的名义办理报关纳税手续的，报关企业与纳税人承担纳税的连带责任。

第五十六条 除不可抗力外，在保管海关监管货物期间，海关监管货物损毁或者灭失的，对海关监管货物负有保管义务的单位或者个人应当承担相应的纳税责任。

第五十七条 未履行纳税义务的纳税人有合并、分立情形的，在合并、分立前，应当向海关报告，依法缴清税款、滞纳金或者提供担保。纳税人合并时未缴清税款、滞纳金或者未提供担保的，由合并后的法人或者非法人组织继续履行未履行的纳税义务；纳税人分立时未缴清税款、滞纳金或者未提供担保的，分立后的法人或者非法人组织对未履行的纳税义务承担连带责任。

纳税人在减免税货物、保税货物监管期间，有合并、分立或者其他资产重组情形的，应当向海关报告；按照规定需要缴税的，应当依法缴清税款、滞纳金或者提供担保；按照规定可以继续享受减免税、保税的，应当向海关办理变更纳税人的手续。

纳税人未履行纳税义务或者在减免税货物、保税货物监管期间，有解散、破产或者其他依法终止经营情形的，应当在清算前向海关报告。海关应当依法清缴税款、滞纳金。

第五十八条 海关征收的税款优先于无担保债权，法律另有规定的除外。纳税人欠缴税款发生在纳税人以其财产设定抵押、质押之前的，税款应当先于抵押权、质权执行。

纳税人欠缴税款，同时被行政机关处以罚款、没收违法所得，其财产不足以同时支付的，应当先缴纳税款。

第五十九条 税款、滞纳金应当按照国家有关规定及时缴入国库。

退还税款、利息涉及从国库中退库的，按照法律、行政法规有关国库管理的规定执行。

第六十条 税款、滞纳金、利息等应当以人民币计算。

进出口货物、进境物品的价格以及有关费用以人民币以外的货币计算的，按照纳税人完成申报之日的计征汇率折合为人民币计算。

前款所称计征汇率，是指按照海关总署规定确定的日期当日的人民币汇率中间价。

第六十一条　海关因关税征收的需要，可以依法向有关政府部门和机构查询纳税人的身份、账户、资金往来等涉及关税的信息，有关政府部门和机构应当在职责范围内予以协助和配合。海关获取的涉及关税的信息只能用于关税征收目的。

第六章　法律责任

第六十二条　有下列情形之一的，由海关给予警告；情节严重的，处三万元以下的罚款：

（一）未履行纳税义务的纳税人有合并、分立情形，在合并、分立前，未向海关报告；

（二）纳税人在减免税货物、保税货物监管期间，有合并、分立或者其他资产重组情形，未向海关报告；

（三）纳税人未履行纳税义务或者在减免税货物、保税货物监管期间，有解散、破产或者其他依法终止经营情形，未在清算前向海关报告。

第六十三条　纳税人欠缴应纳税款，采取转移或者藏匿财产等手段，妨碍海关依法追征欠缴的税款的，除由海关追征欠缴的税款、滞纳金外，处欠缴税款百分之五十以上五倍以下的罚款。

第六十四条　扣缴义务人应扣未扣、应收未收税款的，由海关向纳税人追征税款，对扣缴义务人处应扣未扣、应收未收税款百分之五十以上三倍以下的罚款。

第六十五条　对本法第六十二条、第六十三条、第六十四条规定以外其他违反本法规定的行为，由海关依照《中华人民共和国海关法》等法律、行政法规的规定处罚。

第六十六条 纳税人、扣缴义务人、担保人对海关确定纳税人、商品归类、货物原产地、纳税地点、计征方式、计税价格、适用税率或者汇率，决定减征或者免征税款，确认应纳税额、补缴税款、退还税款以及加收滞纳金等征税事项有异议的，应当依法先向上一级海关申请行政复议；对行政复议决定不服的，可以依法向人民法院提起行政诉讼。

当事人对海关作出的前款规定以外的行政行为不服的，可以依法申请行政复议，也可以依法向人民法院提起行政诉讼。

第六十七条 违反本法规定，滥用职权、玩忽职守、徇私舞弊或者泄露、非法向他人提供在履行职责中知悉的商业秘密、个人隐私、个人信息的，依法给予处分。

第六十八条 违反本法规定，构成犯罪的，依法追究刑事责任。

第七章　附　则

第六十九条 《中华人民共和国海南自由贸易港法》对海南自由贸易港的关税事宜另有规定的，依照其规定。

第七十条 进口环节海关代征税的征收管理，适用关税征收管理的规定。

船舶吨税的征收，《中华人民共和国船舶吨税法》未作规定的，适用关税征收管理的规定。

第七十一条 从事免税商品零售业务应当经过批准，具体办法由国务院规定。

第七十二条 本法自2024年12月1日起施行。《中华人民共和国进出口关税条例》同时废止。

中华人民共和国海关进出口货物征税管理办法

（2024 年 10 月 28 日海关总署令第 272 号公布　自 2024 年 12 月 1 日起实施）

第一章　总　则

第一条　为了保证国家税收政策的贯彻实施，加强海关税收的征收管理，确保依法征税，保障国家税收，保护纳税人的合法权益，根据《中华人民共和国海关法》（以下简称《海关法》）、《中华人民共和国关税法》（以下简称《关税法》）等法律、行政法规的规定，制定本办法。

第二条　海关税收的征收管理，应当遵循依法征管、依率计征、严肃退补的原则。

第三条　进出口关税、进口环节海关代征税的征收管理适用本办法。

进口环节海关代征税包括进口环节增值税和进口环节消费税。

第四条　进口货物的收货人是进口关税和进口环节海关代征税的纳税人。出口货物的发货人是出口关税的纳税人。

从事跨境电子商务零售进口的电子商务平台经营者、物流企业和报关企业，以及法律、行政法规规定负有代扣代缴、代收代缴关税和进口环节海关代征税税款义务的单位和个人，是关税和进口环节海关代征税的扣缴义务人。

第五条　根据税收征管实际需要，海关总署设立综合治税工作领导小组工作协调机制，指导全国海关开展进出口税收征收管理工作。

第六条 海关及其工作人员对在履行职责中知悉的纳税人、扣缴义务人的商业秘密、个人隐私、个人信息，应当依法予以保密，不得泄露或者非法向他人提供。

纳税人、扣缴义务人可以书面向海关提出为其保守商业秘密的要求，并且具体列明需要保密的内容，但不得以商业秘密为理由拒绝向海关提供有关资料。

第二章 税款的计征

第一节 纳税申报

第七条 纳税人、扣缴义务人进出口货物时应当依法向海关办理申报纳税手续，按照规定提交有关单证。海关认为必要时，纳税人、扣缴义务人还应当提供确定计税价格、商品归类、原产地等所需的相关资料。提供的资料为外文的，海关需要时，纳税人、扣缴义务人应当提供中文译文并且对译文内容的完整性和准确性负责。

第八条 纳税人、扣缴义务人应当按照法律、行政法规及有关规定，如实、规范申报进出口货物的计税价格、商品编号、商品名称及规格型号、原产地、数量等计税相关信息，计算并向海关申报税额。

第九条 为确定进出口货物的应纳税额，海关可以要求纳税人、扣缴义务人按照有关规定补充申报。纳税人、扣缴义务人认为必要时，也可以主动要求补充申报。

第十条 在货物实际进出口前，海关可以依申请，按照有关规定对进口货物的计税价格相关要素或估价方法、进出口货物的商品归类和原产地作出预裁定。

纳税人、扣缴义务人在预裁定决定有效期内进出口与预裁定决定列明情形相同的货物，应当按照预裁定决定申报，海关予以认可。

第二节 应纳税额

第十一条 进出口货物的应纳税额应当根据计税价格、商品归类、原产地、数量、适用的税率和计征汇率确定。

第十二条 进出口货物适用的关税税率，按照《关税法》有关最惠国税率、协定税率、特惠税率、普通税率、出口税率、关税配额税率或者暂定税率的规定确定。

进口货物适用的进口环节增值税税率、消费税税率，按照相关法律、行政法规及有关规定确定。

对实施反倾销措施、反补贴措施、保障措施、按照对等原则采取的相应措施或者征收报复性关税的进口货物的税率，按照有关法律、行政法规及有关规定执行。

第十三条 进出口货物的价格及有关费用以外币计价的，按照计征汇率折合为人民币计算计税价格，采用四舍五入法计算至分。

海关每月使用的计征汇率为上一个月第三个星期三中国人民银行授权中国外汇交易中心公布的人民币汇率中间价，第三个星期三非银行间外汇市场交易日的，顺延采用下一个交易日公布的人民币汇率中间价。如果上述汇率发生重大波动，海关总署认为必要时，可以另行规定计征汇率，并且对外公布。

第十四条 进出口货物应当适用纳税人、扣缴义务人完成申报之日实施的税率和计征汇率。

进口货物到达前，经海关核准先行申报的，应当适用装载该货物的运输工具申报进境之日实施的税率，适用完成申报之日实施的计征汇率。

进口转关运输货物，应当适用在指运地海关完成申报之日实施的税率和计征汇率。货物进境前，经海关核准先行申报的，应当适用装载该货物的运输工具申报进境之日实施的税率，适用完成申报之日实施的计征汇率；货物进境后运抵指运地前，经海关核准先行申报的，应当适用装载该货物的运输工具抵达指运地之日实施的税率，适用完成申报之日实施的计征汇率。

出口转关运输货物，应当适用在启运地海关完成申报之日实施的税率和计征汇率。

经海关批准，实行集中申报的进出口货物，应当适用每次货物进出口时完成申报之日实施的税率和计征汇率。

“两步申报”的进口货物，应当适用完成概要申报之日实施的税率和计征汇率。

根据有关规定申请撤销报关单后重新申报的货物，应当适用首次报关单所适用的税率和计征汇率。

因超过规定期限未申报而由海关依法变卖的进口货物，其税款计征应当适用装载该货物的运输工具申报进境之日实施的税率和计征汇率。

第十五条 有下列情形之一的，应当适用纳税人、扣缴义务人办理纳税手续之日实施的税率和计征汇率：

（一）保税货物不复运出境转为内销；

（二）减免税货物经批准转让、移作他用或者进行其他处置；

（三）暂时进境货物不复运出境或者暂时出境货物不复运进境；

（四）租赁进口货物留购或者分期缴纳税款。

第十六条 补征或者退还进出口货物税款，应当按照本办法第十四条或者第十五条的规定确定适用的税率和计征汇率。

因纳税人、扣缴义务人违反规定需要追征税款的，应当适用违反规定行为发生之日实施的税率和计征汇率；行为发生之日不能确定的，适用海关发现该行为之日实施的税率和计征汇率。

第十七条 关税应当按照《关税法》的规定，以从价、从量或者复合方式计算。

进口环节海关代征税应当按照有关法律、行政法规规定的适用税种、税目、税率和计算公式计算。

除另有规定外，关税和进口环节海关代征税应纳税额按照下述计算公式计征：

从价计征的关税应纳税额=计税价格 × 关税比例税率

从量计征的关税应纳税额=货物数量 × 关税定额税率

复合计征的关税应纳税额=计税价格 × 关税比例税率+货物数量 × 关税定额税率

从价计征的进口环节消费税应纳税额=〔（计税价格+关税税额）/（1—消费税比例税率）〕× 消费税比例税率

从量计征的进口环节消费税应纳税额=货物数量 × 消费税定额税率

复合计征的进口环节消费税应纳税额=〔（计税价格+关税税额+货物数量 × 消费税定额税率）/（1—消费税比例税率）〕× 消费税比例税率+货物数量 × 消费税定额税率

进口环节增值税应纳税额=（计税价格+关税税额+进口环节消费税税额）× 增值税税率

第十八条 散装进出口货物发生溢短装的，按照以下规定办理：

（一）溢装数量在合同、发票标明数量百分之三以内的，或者短装的，按照合同、发票标明数量计征税款；

（二）溢装数量超过合同、发票标明数量百分之三的，按照实际进出口数量计征税款。

第十九条 关税、进口环节海关代征税、滞纳金、利息等应当以人民币计算，采用四舍五入法计算至分。

关税、进口环节海关代征税、滞纳金起征点按照国务院规定的一票货物的免征额度执行。

第三节　税款缴纳

第二十条　纳税人、扣缴义务人应当自完成申报之日起十五日内缴纳税款。特殊情形需要实施税收风险管理的除外。

选择汇总征税模式的，纳税人、扣缴义务人可以自完成申报之日起十五日内或者次月第五个工作日结束前汇总缴纳税款。

逾期缴纳税款的，由海关自缴款期限届满之日起至缴清税款之日止，按日加收滞纳税款万分之五的滞纳金。

缴款期限届满日遇星期六、星期日等休息日或者法定节假日的，应当顺延至休息日或者法定节假日之后的第一个工作日。国务院临时调整休息日与工作日的，海关应当按照调整后的情况计算缴款期限。

第二十一条　纳税人、扣缴义务人可以选择电子支付方式或者银行柜台支付方式缴纳税款。

第二十二条　银行收讫税款日为纳税人、扣缴义务人缴清税款之日。

纳税人、扣缴义务人可以在缴清税款、滞纳金后自行打印缴纳凭证。

第二十三条　因不可抗力或者国家税收政策调整，纳税人、扣缴义务人不能按期缴纳税款的，经向海关申请并提供税款担保，可以延期缴纳，但最长不得超过六个月。

第三章　特殊情形税款征收

第一节　无代价抵偿货物

第二十四条　进口无代价抵偿货物，不征收进口关税和进口环节海关代征税；出口无代价抵偿货物，不征收出口关税。

前款所称无代价抵偿货物，是指进出口货物在海关放行后，因残损、短少、品质不良或者规格不符原因，由进出口货物的发货人、承运人或者保险公司免费补偿或者更换的与原货物相同或者与合同约定相符的货物。

第二十五条　纳税人应当在原进出口合同约定的请求赔偿期限内且不超过原货物进出口放行之日起三年，向海关申报办理无代价抵偿货物的进出口手续。

第二十六条　纳税人申报进出口无代价抵偿货物，应当提交买卖双方签订的赔偿协议。

海关认为需要时，纳税人还应当提交具有资质的商品检验机构出具的原进出口货物残损、短少、品质不良或者规格不符的检验证明书或者其他有关证明文件。

第二十七条　纳税人申报进出口的无代价抵偿货物，与退运出境或者退运进境的被免费更换的货物不完全相同或者与合同约定不完全相符的，应当向海关说明原因。

申报进出口的免费更换的货物与被免费更换的货物税则号列未发生改变的，纳税人应当按照确定进出口货物计税价格的有关规定和被免费更换的货物进出口时适用的税率、计征汇率，确定其计税价格、计算并申报纳税。应纳税额高于被免费更换的货物已缴纳税款的，纳税人应当补缴税款的差额部分。应纳税额低于被免费更换的货物已缴纳税款，且被免费更换的货物的发货人、承运人或者保险公司同时补偿货款的，海关应当退还补偿货款部分的相应税款；未补偿货款的，税款的差额部分不予退还。

纳税人申报进出口的免费更换的货物与被免费更换的货物的税则号列不一致的，不适用无代价抵偿货物的有关规定，海关对其按照一般进出口货物的征税管理规定征收税款。

第二十八条 纳税人申报进出口无代价抵偿货物，被免费更换的进口货物不退运出境且不放弃交由海关处理的，或者被免费更换的出口货物不退运进境的，海关应当按照无代价抵偿货物完成申报进出口之日实施的税率、计征汇率和有关规定对被免费更换的货物重新估价征税。

第二十九条 被免费更换的货物退运出境时不征收出口关税。

被免费更换的货物退运进境时不征收进口关税和进口环节海关代征税。

第二节 租赁货物

第三十条 纳税人申报进口租赁货物，应当向海关提交租赁合同及其他有关材料。

租赁进口货物应当按照规定提供担保。

第三十一条 租赁进口货物一次性支付租金的，纳税人应当在申报租赁货物进口时办理纳税手续，缴纳税款。

租赁进口货物分期支付租金的，纳税人应当在申报租赁货物进口时，按照第一期应当支付的租金办理纳税手续，缴纳相应税款；在其后分期支付租金时，纳税人向海关申报办理纳税手续应当不迟于每次支付租金之日起第十五日。纳税人未在规定期限内申报纳税的，海关按照纳税人每次支付租金之日起第十五日该货物适用的税率、计征汇率征收相应税款，并且自本款规定的申报办理纳税手续期限届满之日起至纳税人申报纳税之日止按日加收应缴纳税款万分之五的滞纳金。

第三十二条 纳税人应当自租赁进口货物租期届满之日起三十日内，向海关申请办结监管手续，将租赁进口货物复运出境。需留购、续租租赁进口货物的，纳税人向海关办理相关手续应当不迟于租赁进口货物租期届满之日起第三十日。

留购租赁进口货物的，纳税人应当按照确定进口货物计税价格的有关规定和办理纳税手续之日该货物适用的税率、计征汇率，确定其计税价格、计算并申报纳税。

续租租赁进口货物的，纳税人应当向海关提交续租合同，并且按照本办法第三十条和第三十一条的有关规定办理纳税手续。

第三十三条 纳税人未在本办法第三十二条第一款规定的期限内办理留购租赁进口货物的相关手续的，海关除按照确定进口货物计税价格的有关规定和租期届满之日起第三十日该货物适用的税率、计征汇率，确定其计税价格、计征应缴纳的税款外，还应当自第三十二条第一款规定的办理留购手续期限届满之日起至纳税人申报纳税之日止按日加收应缴纳税款万分之五的滞纳金。

纳税人未在本办法第三十二条第一款规定的期限内向海关办理续租租赁进口货物的相关手续的，海关除按照本办法第三十一条的规定征收续租租赁进口货物应缴纳的税款外，还应当自第三十二条第一款规定的办理续租租赁手续期限届满之日起至纳税人申报纳税之日止按日加收应缴纳税款万分之五的滞纳金。

第三十四条 租赁进口货物租赁期未满终止租赁的，其租期届满之日为租赁终止日。

第三节 暂时进出境货物

第三十五条 《关税法》第三十七条第一款所列的暂时进出境货物，在海关规定期限内，可以依法暂不缴纳税款。

前款所述暂时进出境货物在规定期限届满后不再复运出境或者复运进境的，纳税人应当在规定期限届满前向海关申报办理进出口及纳税手续，海关按照有关规定征收税款。

第三十六条 《关税法》第三十七条第一款所列范围以外的其他暂时进出境货物，纳税人应当按照确定进出口货物计税价格的有关规定和该货物完成申报之日实施的税率、计征汇率，确定其计税价格、按月缴纳税款，或者在规定期限内货物复运出境或者复运进境时缴纳税款。

计征税款的期限为六十个月。不足一个月但超过十五天的，按一个月计征；不超过十五天的，免予计征。计征税款的期限自货物放行之日起计算。

每月应纳税额的计算公式为：

每月关税税额=关税总额 ×（1/60）

每月进口环节海关代征税税额=进口环节海关代征税总额 ×（1/60）

本条第一款所述暂时进出境货物在规定期限届满后不再复运出境或者复运进境的，纳税人应当在规定期限届满前向海关申报办理进出口及纳税手续，缴纳剩余税款。

第三十七条 暂时进出境货物未在规定期限内复运出境或者复运进境，且纳税人未在规定期限届满前向海关申报办理进出口及纳税手续的，海关除按照规定征收应缴纳的税款外，还应当自规定期限届满之日起至纳税人申报纳税之日止按日加收应缴纳税款万分之五的滞纳金。

第三十八条 本办法第三十五条至第三十七条所称规定期限，均包括暂时进出境货物延长复运出境或者复运进境的期限。

第四节 进出境修理和出境加工货物

第三十九条 纳税人在办理进境修理货物的进口申报手续时，应当向海关提交该货物的维修合同（或者含有保修条款的原出口合同），并且向海关提供担保或者由海关按照保税货物实施管理。进境修理货物应当在海关规定期限内复运出境。

进境修理货物需要进口原材料、零部件的，纳税人在办理原材料、零部件进口申报手续时，应当向海关提供担保或者由海关按照保税货物实施管理。进口原材料、零部件只限用于进境修理货物的修理，修理剩余的原材料、零部件应当随进境修理货物一同复运出境。

第四十条 进境修理货物及剩余进境原材料、零部件复运出境的，海关应当办理修理货物及原材料、零部件进境时纳税人提供的担保的退还手续；海关按照保税货物实施管理的，按照有关保税货物的管理规定办理。

因正当理由不能在海关规定期限内将进境修理货物复运出境的，纳税人应当在规定期限届满前向海关说明情况，申请延期复运出境。

第四十一条 进境修理货物未在海关规定期限（包括延长期，下同）内复运出境的，海关对其按照一般进出口货物的征税管理规定实施管理，将该货物进境时纳税人提供的担保转为税款。

第四十二条 纳税人在办理出境修理货物的出口申报手续时，应当向海关提交该货物的维修合同（或者含有保修条款的原进口合同）。出境修理货物应当在海关规定期限内复运进境。

第四十三条 纳税人在办理出境修理货物复运进境的进口申报手续时，应当向海关提交该货物的维修发票等相关资料。

出境修理货物应当按照确定进口货物计税价格的有关规定和该货物完成复运进境申报之日实施的税率、计征汇率，确定其计税价格、计算进口税款。

因正当理由不能在海关规定期限内将出境修理货物复运进境的，纳税人应当在规定期限届满前向海关说明情况，申请延期复运进境。

第四十四条 出境修理货物超过海关规定期限复运进境的，海关对其按照一般进口货物的征税管理规定征收税款。

第四十五条 纳税人在办理出境加工货物的出口申报手续时，应当按照规定向海关提交该货物的出境加工合同等有关资料。出境加工货物应当在海关规定期限内复运进境。

第四十六条 纳税人在办理出境加工货物复运进境的进口申报手续时，应当向海关提交该货物的加工费发票、料件费发票等有关资料，并按照确定进口货物计税价格的有关规定和该货物完成复运进境申报之日实施的税率、计征汇率，确定其计税价格、计算并申报纳税。

因正当理由不能在海关规定期限内将出境加工货物复运进境的，纳税人应当在海关规定期限届满前向海关说明情况，申请延期复运进境。

第四十七条 出境加工货物未在海关规定期限内复运进境的，海关对其按照一般进出口货物的征税管理规定实施管理。

第四十八条 本办法第三十九条至第四十七条所称海关规定期限，由海关根据进出境修理货物、出境加工货物的有关合同约定以及具体实际情况予以确定。

第五节 退运和受损货物

第四十九条 因品质、规格原因或者不可抗力，出口货物自出口放行之日起一年内原状复运进境的，纳税人在办理进口申报手续时，应当按照规定提交有关单证和证明文件。经海关确认后，对复运进境的原出口货物不予征收进口关税和进口环节海关代征税。

因品质、规格原因或者不可抗力，进口货物自进口放行之日起一年内原状复运出境的，纳税人在办理出口申报手续时，应当按照规定提交有关单证和证明文件。经海关确认后，对复运出境的原进口货物不予征收出口关税。

第五十条 特殊情形下，经直属海关批准，可以适当延长本办法第四十九条规定的期限，最长不超过三年。超过规定期限复运进出境的，海关对其按照一般进出口货物的征税管理规定征收税款。

第五十一条　对于《关税法》第三十二条第四项和第三十三条第一项所列货物，纳税人应当在申报时或者自海关放行货物之日起十五日内向海关说明情况，提供相关证明材料。海关认为需要时，可以要求纳税人提供具有资质的商品检验机构出具的货物受损程度的检验证明书。海关根据实际受损程度予以减征或者免征税款。

第四章　税额确认

第五十二条　海关可以依申请或者依职权，对进出口货物的计税价格、商品归类和原产地依法进行确定。

必要时，海关可以组织化验、检验，并将海关认定的化验、检验结果作为确定计税价格、商品归类和原产地的依据。

第五十三条　海关对进出口货物的计税价格、商品归类、原产地以及应纳税额实施风险管理，根据风险水平实施抽查审核，必要时开展验估、查验、核查、稽查等。

前款所称验估，是指在税收征收管理中，海关根据税收风险研判和防控需要，验核进出口货物有关单证资料或者报验状态，依法确定计税价格、商品归类、原产地等，对税收风险进行验证、评估、处置的行为。

第五十四条　海关发现纳税人、扣缴义务人申报的进出口货物价格不符合成交价格条件，或者成交价格不能确定的，应当按照确定进出口货物计税价格的有关规定另行估价。

海关发现纳税人、扣缴义务人申报的进出口货物税则号列有误的，应当按照商品归类的有关规则和规定予以重新确定。

海关发现纳税人、扣缴义务人申报的进出口货物原产地有误的，应当通过审核纳税人、扣缴义务人提供的原产地证明、对货物进行查验或者审核其他相关单证等方法，按照海关原产地管理的有关规定予以确定。

海关发现纳税人、扣缴义务人提交的减免税申请或者所申报的内容不符合有关减免税规定的，应当按照规定计征税款。

纳税人、扣缴义务人违反海关规定，涉嫌伪报、瞒报的，应当按照有关规定处理。

第五十五条 自纳税人、扣缴义务人缴纳税款或者货物放行之日起三年内，海关有权对纳税人、扣缴义务人的应纳税额进行确认。

海关确认的应纳税额与纳税人、扣缴义务人申报的税额不一致的，海关应当向纳税人、扣缴义务人出具税额确认书。

第五十六条 海关确认应纳税额期限，应当扣除稽查、调查、侦查、境外协助税收核查的期间。

第五章 税款的退还与补征、追征

第一节 税款退还

第五十七条 海关发现多征税款的，应当及时出具税额确认书通知纳税人。

需要退还税款的，纳税人可以自收到税额确认书之日起三个月内办理有关退还手续。

第五十八条 纳税人发现多缴纳税款的，可以自缴纳税款之日起三年内，向海关书面申请退还多缴的税款。包括但不限于下列情形：

（一）散装进出口货物发生短装并且已缴税放行，该货物的发货人、承运人或者保险公司已对短装部分退还或者赔偿相应货款的；

（二）进出口货物因残损、品质不良、规格不符原因，或者发生本条第一项规定以外的货物短少的情形，由进出口货物的发货人、承运人或者保险公司赔偿相应货款的；

（三）已缴税货物被海关责令退运或者监督销毁的。

第五十九条 有下列情形之一的，纳税人自缴纳税款之日起一年内，可以向海关书面申请退还税款：

（一）已缴纳税款的进口货物，因品质、规格原因或者不可抗力，一年内原状复运出境；

（二）已缴纳出口关税的出口货物，因品质、规格原因或者不可抗力，一年内原状复运进境，并已重新缴纳因出口而退还的国内环节有关税收；

（三）已缴纳出口关税的出口货物，因故未装运出口，申报退关。

第六十条 纳税人向海关申请退还税款的，海关收到纳税人的退税申请后应当进行审核。纳税人提交的申请材料齐全且符合规定形式的，海关应当予以受理，并且以海关收到申请材料之日作为受理之日；纳税人提交的申请材料不全或者不符合规定形式的，海关应当自收到申请材料之日起五个工作日内一次性告知纳税人需要补正的全部内容，并且以海关收到全部补正申请材料之日作为海关受理退税申请之日。

纳税人按照本办法第五十八条的规定申请退税的，海关认为需要时，可以要求纳税人提供具有资质的商品检验机构出具的原进口或者出口货物品质不良、规格不符或者残损、短少的检验证明书或者其他有关证明文件。

海关应当自受理退税申请之日起三十日内查实，并出具税额确认书通知纳税人办理退还手续或者作出不予退税的决定。纳税人应当自收到税额确认书之日起三个月内办理退还手续。

纳税人放弃退还税款或利息的，应当以书面形式向海关提出。

第六十一条 海关办理退还手续时，应当填发收入退还书，并且按照以下规定办理：

（一）退还税款时应当同时退还多征税款部分所产生的利息，应退利息按照海关填发收入退还书之日中国人民银行公布的同期活期存款利率计算。计算应退利息的期限自纳税人、扣缴义务人缴纳税款之日起至海关填发收入退还书之日止。

（二）进口环节海关代征税已予抵扣或已办理退税的，该项税款不予退还，但国家另有规定的除外。

（三）已征收的滞纳金不予退还。

退还税款、利息涉及从国库中退库的，按照法律、行政法规有关国库管理的规定以及有关规章规定的具体实施办法执行。

第二节　税款补征、追征

第六十二条　进出口货物放行后，海关发现少征税款的，应当自缴纳税款之日起三年内，向纳税人、扣缴义务人补征税款；海关发现漏征税款的，应当自货物放行之日起三年内，向纳税人、扣缴义务人补征税款。

第六十三条　因纳税人、扣缴义务人违反规定造成少征税款的，海关应当自缴纳税款之日起三年内追征税款；因纳税人、扣缴义务人违反规定造成漏征税款的，海关应当自货物放行之日起三年内追征税款。海关除依法追征税款外，还应当自缴纳税款或者货物放行之日起至海关发现违反规定行为之日止，按日加收少征或者漏征税款万分之五的滞纳金。

因纳税人、扣缴义务人违反规定造成海关监管货物少征或者漏征税款的，海关应当自纳税人、扣缴义务人应缴纳税款之日起三年内追征税款，并且自应缴纳税款之日起至海关发现违反规定行为之日止，按日加收少征或者漏征税款万分之五的滞纳金。

前款所称应缴纳税款之日，是指纳税人、扣缴义务人违反规定行为发生之日；该行为发生之日不能确定的，应当以海关发现该行为之日作为应缴纳税款之日。

第六十四条　海关补征或者追征税款，应当出具税额确认书。纳税人、扣缴义务人应当自收到税额确认书之日起十五日内缴纳税款。

纳税人、扣缴义务人未在前款规定期限内补缴税款的，自规定期限届满之日起，按日加收滞纳税款万分之五的滞纳金。

第六十五条　根据本办法第三十一条、第三十三条、第三十七条、第六十三条的有关规定，因纳税人、扣缴义务人违反规定需在征收税款的同时加收滞纳金的，如果纳税人、扣缴义务人未在规定的十五日缴款期限内缴纳税款，海关依照本办法第二十条的规定另行加收自缴款期限届满之日起至缴清税款之日止滞纳税款的滞纳金。

第六章　税款担保

第六十六条　有下列情形之一的，纳税人、扣缴义务人要求海关提前放行货物的，应当按照初步确定的应纳税额向海关提供足额税款担保：

（一）进出口货物的计税价格、商品归类、原产地等尚未确定；

（二）与确定货物应纳税额有关的报关单证尚未提供；

（三）货物已被采取临时反倾销措施、临时反补贴措施；

（四）适用报复性关税、对等关税措施等情况尚未确定；

（五）符合办理减免税货物税款担保条件；

（六）正在办理延期缴纳税款手续；

（七）办理汇总征税业务；

（八）因残损、品质不良或者规格不符，纳税人、扣缴义务人申报进口或者出口无代价抵偿货物时，原进口货物尚未退运出境或者尚未放弃交由海关处理，或者原出口货物尚未退运进境。

第六十七条　除另有规定外，税款担保期限一般不超过六个月，特殊情况需要延期的，应当经海关核准。

税款担保一般应当为保证金、银行或者非银行金融机构的保函、关税保证保险保单，但另有规定的除外。

银行或者非银行金融机构的保函、关税保证保险保单的保证方式应当是连带责任保证，保证期间应当不短于海关核准的担保期限。

第六十八条 海关应当自收到纳税人、扣缴义务人的税款担保申请或者变更税款担保申请之日起五个工作日内进行审核，并决定是否接受担保。

符合规定的税款担保，自海关决定接受之日起生效。不符合规定的，海关应当书面通知纳税人、扣缴义务人不予接受，并说明理由。

第六十九条 纳税人、扣缴义务人在担保期限内履行纳税义务的，海关应当自纳税人、扣缴义务人履行纳税义务之日起五个工作日内办结解除税款担保的相关手续。

纳税人、扣缴义务人未在担保期限内履行纳税义务的，海关应当依法将担保转为税款。以保证金办理的，海关应当自担保期限届满之日起五个工作日内完成保证金转为税款的相关手续。以银行或者非银行金融机构保函、关税保证保险保单办理的，海关应当自担保期限届满之日起六个月内且不超过保函或保单的保证期限，要求担保人履行纳税义务。担保人代为履行纳税义务的，纳税人、扣缴义务人应当配合海关及时办理有关手续。

第七十条 申请办理《中华人民共和国海关事务担保条例》第五条所列特定海关业务担保，如按照可能承担的税款金额向海关提供担保的，参照本办法有关规定办理。

第七章　税收强制

第七十一条 纳税人在规定的纳税期限内有转移、藏匿其应税货物以及其他财产的明显迹象，或者存在其他可能导致无法缴纳税款风险的，海关可以责令纳税人提供担保。纳税人未按照海关要求提供担保的，经直属海关关长或者其授权的隶属海关关长批准，海关可以实施下列强制措施：

（一）书面通知银行业金融机构冻结纳税人金额相当于应纳税款的存款、汇款；

（二）查封、扣押纳税人价值相当于应纳税款的货物或者其他财产。

纳税人在规定的纳税期限内缴纳税款的，海关应当立即解除强制措施。

第七十二条 海关可以对纳税人、扣缴义务人欠缴税款的情况予以公告。

纳税人未缴清税款、滞纳金且未向海关提供担保的，经直属海关关长或者其授权的隶属海关关长批准，海关可以按照规定通知移民管理机构对纳税人或者其法定代表人依法采取限制出境措施。

第七十三条 纳税人、扣缴义务人未按照规定的纳税期限缴纳或者解缴税款的，海关责令纳税人、扣缴义务人自纳税期限届满之日起三个月内缴纳税款；超过三个月仍未缴纳税款的，海关应当向纳税人、扣缴义务人制发催告书。纳税人、扣缴义务人未在催告书送达之日起十日内缴纳税款、滞纳金且无正当理由的，经直属海关关长或者其授权的隶属海关关长批准，海关可以实施下列强制执行措施：

（一）书面通知银行业金融机构划拨纳税人金额相当于应纳税款的存款、汇款；

（二）查封、扣押纳税人、扣缴义务人价值相当于应纳税款的货物或者其他财产，依法拍卖或者变卖所查封、扣押的货物或者其他财产，以拍卖或者变卖所得抵缴税款，剩余部分退还纳税人、扣缴义务人。

海关实施税收强制执行措施时，对未缴纳的滞纳金同时强制执行，滞纳金计算截止日期为海关作出税收强制执行决定之日。

第七十四条 有下列情形之一的，海关应当中止税收强制执行：

（一）纳税人、扣缴义务人缴纳税款确有困难或者暂无缴纳能力；

（二）第三人对税收强制执行标的主张权利，确有理由；

（三）执行可能造成难以弥补的损失，且中止税收强制执行不损害公共利益；

（四）海关认为需要中止执行的其他情形。

中止税收强制执行的情形消失后，海关应当恢复执行。对没有明显社会危害，纳税人、扣缴义务人确无能力缴纳税款，中止执行满三年未恢复执行的，海关不再执行。

第七十五条 有下列情形之一的，海关应当终结税收强制执行：

（一）纳税人、扣缴义务人死亡或终止，无遗产或财产可供执行，又无义务承受人；

（二）执行标的灭失；

（三）据以执行的行政决定被撤销；

（四）海关认为需要终结执行的其他情形。

第七十六条 本办法未作规定的税收强制措施和税收强制执行措施，应当按照《中华人民共和国行政强制法》和有关法律、行政法规的规定实施。

第八章 附 则

第七十七条 船舶吨税、海南自由贸易港的进出口税收、反倾销税、反补贴税、保障措施关税的征收管理，按照相关法律、行政法规及有关规定执行，未作规定的，适用本办法。

跨境电子商务零售进口税收和跨境电子商务出口退运商品税收

的征收管理按照有关规定执行，未作规定的，适用本办法。

第七十八条 保税货物、进出海关特殊监管区域和保税监管场所的货物、进出口减免税货物的税收管理，按照本办法规定执行。本办法未作规定的，按照相关法律、行政法规及有关规定执行。

第七十九条 进口货物涉及应税特许权使用费的，进口税收的征收管理按照相关法律、行政法规及有关规定执行。

第八十条 海关建立属地纳税人管理制度，加强税源管理，优化纳税服务，构建关企和谐共治的征纳关系。

第八十一条 违反本办法规定，构成违反海关监管规定行为、走私行为的，按照《海关法》《关税法》《中华人民共和国海关行政处罚实施条例》和其他有关法律、行政法规的规定处罚。构成犯罪的，依法追究刑事责任。

第八十二条 本办法所规定的文书由海关总署另行制定并发布。

第八十三条 本办法由海关总署负责解释。

第八十四条 本办法自2024年12月1日起施行。2005年1月4日海关总署令第124号公布、根据2010年11月26日海关总署令第198号、2014年3月13日海关总署令第218号、2017年12月20日海关总署令第235号、2018年5月29日海关总署令第240号修改的《中华人民共和国海关进出口货物征税管理办法》和2009年8月19日海关总署令第184号公布的《中华人民共和国海关税收保全和强制措施暂行办法》同时废止。

中华人民共和国海关确定进出口货物计税价格办法

（2013 年 12 月 25 日海关总署令第 213 号公布　自 2014 年 2 月 1 日起施行　根据 2024 年 10 月 28 日海关总署令第 273 号《海关总署关于修改部分规章的决定》修正）

第一章　总　则

第一条　为了正确确定进出口货物的计税价格，根据《中华人民共和国海关法》（以下简称《海关法》）、《中华人民共和国关税法》的规定，制定本办法。

第二条　海关确定进出口货物的计税价格，应当遵循客观、公平、统一的原则。

第三条　进出口货物计税价格的确定，适用本办法。海关可以依申请或者依职权，对进出口货物的计税价格依法进行确定。

内销保税货物计税价格的确定，准许进口的进境旅客行李物品、个人邮递物品以及其他个人自用物品的计税价格的确定，涉嫌走私的进出口货物、物品的计税价格的核定，不适用本办法。

第四条　海关应当按照国家有关规定，妥善保管纳税人提供的涉及商业秘密的资料，除法律、行政法规另有规定外，不得对外提供。

纳税人可以书面向海关提出为其保守商业秘密的要求，并且具体列明需要保密的内容，但是不得以商业秘密为理由拒绝向海关提供有关资料。

第二章　进口货物的计税价格

第一节　进口货物计税价格确定方法

第五条　进口货物的计税价格，由海关以该货物的成交价格为基础确定，并且应当包括货物运抵中华人民共和国境内输入地点起卸前的运输及其相关费用、保险费。

第六条　进口货物的成交价格不符合本章第二节规定的，或者成交价格不能确定的，海关经了解有关情况，并且与纳税人进行价格磋商后，依次以下列方法确定该货物的计税价格：

（一）相同货物成交价格估价方法；

（二）类似货物成交价格估价方法；

（三）倒扣价格估价方法；

（四）计算价格估价方法；

（五）合理方法。

纳税人可以向海关提供有关资料，申请调整前款第三项和第四项的适用次序。

第二节　成交价格估价方法

第七条　进口货物的成交价格，是指卖方向中华人民共和国境内销售该货物时买方为进口该货物向卖方实付、应付的，并且按照本章第三节的规定调整后的价款总额，包括直接支付的价款和间接支付的价款。

第八条　进口货物的成交价格应当符合下列条件：

（一）对买方处置或者使用进口货物不予限制，但是法律、行政法规规定实施的限制、对货物销售地域的限制和对货物价格无实质性影响的限制除外；

（二）进口货物的价格不得受到使该货物成交价格无法确定的条件或者因素的影响；

（三）卖方不得直接或者间接获得因买方销售、处置或者使用进口货物而产生的任何收益，或者虽然有收益但是能够按照本办法第十一条第一款第四项的规定做出调整；

（四）买卖双方之间没有特殊关系，或者虽然有特殊关系但是按照本办法第十七条、第十八条的规定未对成交价格产生影响。

第九条 有下列情形之一的，应当视为对买方处置或者使用进口货物进行了限制：

（一）进口货物只能用于展示或者免费赠送的；

（二）进口货物只能销售给指定第三方的；

（三）进口货物加工为成品后只能销售给卖方或者指定第三方的；

（四）其他经海关审查，认定买方对进口货物的处置或者使用受到限制的。

第十条 有下列情形之一的，应当视为进口货物的价格受到了使该货物成交价格无法确定的条件或者因素的影响：

（一）进口货物的价格是以买方向卖方购买一定数量的其他货物为条件而确定的；

（二）进口货物的价格是以买方向卖方销售其他货物为条件而确定的；

（三）其他经海关审查，认定货物的价格受到使该货物成交价格无法确定的条件或者因素影响的。

第三节 成交价格的调整项目

第十一条 以成交价格为基础确定进口货物的计税价格时，未包括在该货物实付、应付价格中的下列费用或者价值应当计入计税价格：

（一）由买方负担的下列费用：

1.除购货佣金以外的佣金和经纪费；

2.与该货物视为一体的容器费用；

3.包装材料费用和包装劳务费用。

（二）与进口货物的生产和向中华人民共和国境内销售有关的，由买方以免费或者以低于成本的方式提供，并且可以按适当比例分摊的下列货物或者服务的价值：

1.进口货物包含的材料、部件、零件和类似货物；

2.在生产进口货物过程中使用的工具、模具和类似货物；

3.在生产进口货物过程中消耗的材料；

4.在境外进行的为生产进口货物所需的工程设计、技术研发、工艺及制图等相关服务。

（三）买方需向卖方或者有关方直接或者间接支付的特许权使用费，但是符合下列情形之一的除外：

1.特许权使用费与该货物无关；

2.特许权使用费的支付不构成该货物向中华人民共和国境内销售的条件。

（四）卖方直接或者间接从买方对该货物进口后销售、处置或者使用所得中获得的收益。

纳税人应当向海关提供本条所述费用或者价值的客观量化数据资料。纳税人不能提供的，海关与纳税人进行价格磋商后，按照本办法第六条列明的方法确定计税价格。

第十二条 在根据本办法第十一条第一款第二项确定应当计入进口货物计税价格的货物价值时，应当按照下列方法计算有关费用：

（一）由买方从与其无特殊关系的第三方购买的，应当计入的价值为购入价格；

（二）由买方自行生产或者从有特殊关系的第三方获得的，应当计入的价值为生产成本；

（三）由买方租赁获得的，应当计入的价值为买方承担的租赁成本；

（四）生产进口货物过程中使用的工具、模具和类似货物的价值，应当包括其工程设计、技术研发、工艺及制图等费用。

如果货物在被提供给卖方前已经被买方使用过，应当计入的价值为根据国内公认的会计原则对其进行折旧后的价值。

第十三条 符合下列条件之一的特许权使用费，应当视为与进口货物有关：

（一）特许权使用费是用于支付专利权或者专有技术使用权，且进口货物属于下列情形之一的：

1.含有专利或者专有技术的；

2.用专利方法或者专有技术生产的；

3.为实施专利或者专有技术而专门设计或者制造的。

（二）特许权使用费是用于支付商标权，且进口货物属于下列情形之一的：

1.附有商标的；

2.进口后附上商标直接可以销售的；

3.进口时已含有商标权，经过轻度加工后附上商标即可以销售的。

（三）特许权使用费是用于支付著作权，且进口货物属于下列情形之一的：

1.含有软件、文字、乐曲、图片、图像或者其他类似内容的进口货物，包括磁带、磁盘、光盘或者其他类似载体的形式；

2.含有其他享有著作权内容的进口货物。

（四）特许权使用费是用于支付分销权、销售权或者其他类似权利，且进口货物属于下列情形之一的：

1.进口后可以直接销售的；

2.经过轻度加工即可以销售的。

第十四条 买方不支付特许权使用费则不能购得进口货物，或者买方不支付特许权使用费则该货物不能以合同议定的条件成交的，应当视为特许权使用费的支付构成进口货物向中华人民共和国境内销售的条件。

第十五条 进口货物的价款中单独列明的下列税收、费用，不计入该货物的计税价格：

（一）厂房、机械或者设备等货物进口后发生的建设、安装、装配、维修或者技术援助费用，但是保修费用除外；

（二）进口货物运抵中华人民共和国境内输入地点起卸后发生的运输及其相关费用、保险费；

（三）进口关税、进口环节海关代征税及其他国内税；

（四）为在境内复制进口货物而支付的费用；

（五）境内外技术培训及境外考察费用。

同时符合下列条件的利息费用不计入计税价格：

（一）利息费用是买方为购买进口货物而融资所产生的；

（二）有书面的融资协议的；

（三）利息费用单独列明的；

（四）纳税人可以证明有关利率不高于在融资当时当地此类交易通常应当具有的利率水平，且没有融资安排的相同或者类似进口货物的价格与进口货物的实付、应付价格非常接近的。

第四节 特殊关系

第十六条 有下列情形之一的，应当认为买卖双方存在特殊关系：

（一）买卖双方为同一家族成员的；

（二）买卖双方互为商业上的高级职员或者董事的；

（三）一方直接或者间接地受另一方控制的；

（四）买卖双方都直接或者间接地受第三方控制的；

（五）买卖双方共同直接或者间接地控制第三方的；

（六）一方直接或者间接地拥有、控制或者持有对方5%以上（含5%）公开发行的有表决权的股票或者股份的；

（七）一方是另一方的雇员、高级职员或者董事的；

（八）买卖双方是同一合伙的成员的。

买卖双方在经营上相互有联系，一方是另一方的独家代理、独家经销或者独家受让人，如果符合前款的规定，也应当视为存在特殊关系。

第十七条　买卖双方之间存在特殊关系，但是纳税人能证明其成交价格与同时或者大约同时发生的下列任何一款价格相近的，应当视为特殊关系未对进口货物的成交价格产生影响：

（一）向境内无特殊关系的买方出售的相同或者类似进口货物的成交价格；

（二）按照本办法第二十三条的规定所确定的相同或者类似进口货物的计税价格；

（三）按照本办法第二十五条的规定所确定的相同或者类似进口货物的计税价格。

海关在使用上述价格进行比较时，应当考虑商业水平和进口数量的不同，以及买卖双方有无特殊关系造成的费用差异。

第十八条　海关经对与货物销售有关的情况进行审查，认为符合一般商业惯例的，可以确定特殊关系未对进口货物的成交价格产生影响。

第五节　除成交价格估价方法以外的其他估价方法

第十九条　相同货物成交价格估价方法，是指海关以与进口货物同时或者大约同时向中华人民共和国境内销售的相同货物的成交价格为基础，确定进口货物的计税价格的估价方法。

第二十条 类似货物成交价格估价方法，是指海关以与进口货物同时或者大约同时向中华人民共和国境内销售的类似货物的成交价格为基础，确定进口货物的计税价格的估价方法。

第二十一条 按照相同或者类似货物成交价格估价方法的规定确定进口货物的计税价格时，应当使用与该货物具有相同商业水平且进口数量基本一致的相同或者类似货物的成交价格。使用上述价格时，应当以客观量化的数据资料，对该货物与相同或者类似货物之间由于运输距离和运输方式不同而在成本和其他费用方面产生的差异进行调整。

在没有前款所述的相同或者类似货物的成交价格的情况下，可以使用不同商业水平或者不同进口数量的相同或者类似货物的成交价格。使用上述价格时，应当以客观量化的数据资料，对因商业水平、进口数量、运输距离和运输方式不同而在价格、成本和其他费用方面产生的差异做出调整。

第二十二条 按照相同或者类似货物成交价格估价方法确定进口货物的计税价格时，应当首先使用同一生产商生产的相同或者类似货物的成交价格。

没有同一生产商生产的相同或者类似货物的成交价格的，可以使用同一生产国或者地区其他生产商生产的相同或者类似货物的成交价格。

如果有多个相同或者类似货物的成交价格，应当以最低的成交价格为基础确定进口货物的计税价格。

第二十三条 倒扣价格估价方法，是指海关以进口货物、相同或者类似进口货物在境内的销售价格为基础，扣除境内发生的有关费用后，确定进口货物计税价格的估价方法。该销售价格应当同时符合下列条件：

（一）是在该货物进口的同时或者大约同时，将该货物、相同或者类似进口货物在境内销售的价格；

（二）是按照货物进口时的状态销售的价格；

（三）是在境内第一销售环节销售的价格；

（四）是向境内无特殊关系方销售的价格；

（五）按照该价格销售的货物合计销售总量最大。

第二十四条 按照倒扣价格估价方法确定进口货物计税价格的，下列各项应当扣除：

（一）同等级或者同种类货物在境内第一销售环节销售时，通常的利润和一般费用（包括直接费用和间接费用）以及通常支付的佣金；

（二）货物运抵境内输入地点起卸后的运输及其相关费用、保险费；

（三）进口关税、进口环节海关代征税及其他国内税。

如果该货物、相同或者类似货物没有按照进口时的状态在境内销售，应纳税人要求，可以在符合本办法第二十三条规定的其他条件的情形下，使用经进一步加工后的货物的销售价格确定计税价格，但是应当同时扣除加工增值额。

前款所述的加工增值额应当依据与加工成本有关的客观量化数据资料、该行业公认的标准、计算方法及其他的行业惯例计算。

按照本条的规定确定扣除的项目时，应当使用与国内公认的会计原则相一致的原则和方法。

第二十五条 计算价格估价方法，是指海关以下列各项的总和为基础，确定进口货物计税价格的估价方法：

（一）生产该货物所使用的料件成本和加工费用；

（二）向境内销售同等级或者同种类货物通常的利润和一般费用（包括直接费用和间接费用）；

（三）该货物运抵境内输入地点起卸前的运输及相关费用、保险费。

按照前款的规定确定进口货物的计税价格时，海关在征得境外生产商同意并且提前通知有关国家或者地区政府后，可以在境外核实该企业提供的有关资料。

按照本条第一款的规定确定有关价值或者费用时，应当使用与生产国或者地区公认的会计原则相一致的原则和方法。

第二十六条 合理方法，是指当海关不能根据成交价格估价方法、相同货物成交价格估价方法、类似货物成交价格估价方法、倒扣价格估价方法和计算价格估价方法确定计税价格时，海关根据本办法第二条规定的原则，以客观量化的数据资料为基础确定进口货物计税价格的估价方法。

第二十七条 海关在采用合理方法确定进口货物的计税价格时，不得使用以下价格：

（一）境内生产的货物在境内的销售价格；

（二）可供选择的价格中较高的价格；

（三）货物在出口地市场的销售价格；

（四）以本办法第二十五条规定之外的价值或者费用计算的相同或者类似货物的价格；

（五）出口到第三国或者地区的货物的销售价格；

（六）最低限价或者武断、虚构的价格。

第三章 特殊进口货物的计税价格

第二十八条 运往境外修理的机械器具、运输工具或者其他货物，出境时已向海关报明，并且在海关规定的期限内复运进境的，应当以境外修理费和料件费为基础确定计税价格。

出境修理货物复运进境超过海关规定期限的，由海关按照本办法第二章的规定确定计税价格。

第二十九条 运往境外加工的货物，出境时已向海关报明，并且在海关规定期限内复运进境的，应当以境外加工费和料件费以及该货物复运进境的运输及其相关费用、保险费为基础确定计税价格。

出境加工货物复运进境超过海关规定期限的，由海关按照本办法第二章的规定确定计税价格。

第三十条 经海关批准的暂时进境货物，应当缴纳税款的，由海关按照本办法第二章的规定确定计税价格。经海关批准留购的暂时进境货物，以海关确定的留购价格作为计税价格。

第三十一条 租赁方式进口的货物，按照下列方法确定计税价格：

（一）以租金方式对外支付的租赁货物，在租赁期间以海关确定的租金作为计税价格，利息应当予以计入；

（二）留购的租赁货物以海关确定的留购价格作为计税价格；

（三）纳税人申请一次性缴纳税款的，可以选择申请按照本办法第六条列明的方法确定计税价格，或者按照海关确定的租金总额作为计税价格。

第三十二条 减税或者免税进口的货物应当补税时，应当以海关确定的该货物原进口时的价格，扣除折旧部分价值作为计税价格，其计算公式如下：

计税价格＝海关确定的该货物原进口时的价格（1−补税时实际已进口的时间（月））监管年限×12

上述计算公式中“补税时实际已进口的时间”按月计算，不足1个月但是超过15日的，按照1个月计算；不超过15日的，不予计算。

第三十三条 易货贸易、寄售、捐赠、赠送等不存在成交价格的进口货物，海关与纳税人进行价格磋商后，按照本办法第六条列明的方法确定计税价格。

第三十四条 进口载有专供数据处理设备用软件的介质，具有下列情形之一的，应当以介质本身的价值或者成本为基础确定计税价格：

（一）介质本身的价值或者成本与所载软件的价值分列；

（二）介质本身的价值或者成本与所载软件的价值虽未分列，但是纳税人能够提供介质本身的价值或者成本的证明文件，或者能提供所载软件价值的证明文件。

含有美术、摄影、声音、图像、影视、游戏、电子出版物的介质不适用前款规定。

第四章 进口货物计税价格中的运输及其相关费用、保险费的计算

第三十五条 进口货物的运输及其相关费用，应当按照由买方实际支付或者应当支付的费用计算。如果进口货物的运输及其相关费用无法确定的，海关应当按照该货物进口同期的正常运输成本确定。

运输工具作为进口货物，利用自身动力进境的，海关在确定计税价格时，不再另行计入运输及其相关费用。

第三十六条 进口货物的保险费，应当按照实际支付的费用计算。如果进口货物的保险费无法确定或者未实际发生，海关应当按照“货价加运费”两者总额的3‰计算保险费，其计算公式如下：

保险费=（货价+运费）×3‰

第三十七条 邮运进口的货物，应当以邮费作为运输及其相关费用、保险费。

第五章 出口货物的计税价格

第三十八条 出口货物的计税价格由海关以该货物的成交价格为基础确定，并且应当包括货物运至中华人民共和国境内输出地点

装载前的运输及其相关费用、保险费。

第三十九条 出口货物的成交价格，是指该货物出口销售时，卖方为出口该货物应当向买方直接收取和间接收取的价款总额。

第四十条 下列税收、费用不计入出口货物的计税价格：

（一）出口关税；

（二）在货物价款中单独列明的货物运至中华人民共和国境内输出地点装载后的运输及其相关费用、保险费。

第四十一条 出口货物的成交价格不能确定的，海关经了解有关情况，并且与纳税人进行价格磋商后，依次以下列价格确定该货物的计税价格：

（一）同时或者大约同时向同一国家或者地区出口的相同货物的成交价格；

（二）同时或者大约同时向同一国家或者地区出口的类似货物的成交价格；

（三）根据境内生产相同或者类似货物的成本、利润和一般费用（包括直接费用和间接费用）、境内发生的运输及其相关费用、保险费计算所得的价格；

（四）按照合理方法估定的价格。

第六章　计税价格的确定

第四十二条 纳税人向海关申报时，应当按照本办法的有关规定，如实向海关提供发票、合同、提单、装箱清单等单证。

根据海关要求，纳税人还应当如实提供与货物买卖有关的支付凭证以及证明申报价格真实、准确的其他商业单证、书面资料和电子数据。

货物买卖中发生本办法第二章第三节所列的价格调整项目的，或者发生本办法三十五条所列的运输及其相关费用的，纳税人应当如实向海关申报。

前款规定的价格调整项目或者运输及其相关费用如果需要分摊计算的，纳税人应当根据客观量化的标准进行分摊，并且同时向海关提供分摊的依据。

第四十三条　海关为确定申报价格的真实性、准确性，可以行使下列职权进行价格核查：

（一）查阅、复制与进出口货物有关的合同、发票、账册、结付汇凭证、单据、业务函电、录音录像制品和其他反映买卖双方关系及交易活动的商业单证、书面资料和电子数据；

（二）向进出口货物的纳税人及与其有资金往来或者有其他业务往来的公民、法人或者其他组织调查与进出口货物价格有关的问题；

（三）对进出口货物进行查验或者提取货样进行检验或者化验；

（四）进入纳税人的生产经营场所、货物存放场所，检查与进出口活动有关的货物和生产经营情况；

（五）经直属海关关长或者其授权的隶属海关关长批准，凭《中华人民共和国海关账户查询通知书》（见附件1）及有关海关工作人员的工作证件，可以查询纳税人在银行或者其他金融机构开立的单位账户的资金往来情况，并且向银行业监督管理机构通报有关情况；

（六）向其他有关政府部门和机构查询纳税人的身份、账户、资金往来等涉及关税的信息。

海关在行使前款规定的各项职权时，纳税人及有关公民、法人或者其他组织应当如实反映情况，提供有关书面资料和电子数据，不得拒绝、拖延和隐瞒。海关获取的涉及关税的信息只能用于关税征收目的。

第四十四条　海关对申报价格的真实性、准确性有疑问时，或者认为买卖双方之间的特殊关系影响成交价格时，应当制发《中华人民共和国海关价格质疑通知书》（以下简称《价格质疑通知书》，见附件2），将质疑的理由书面告知纳税人或者其代理人，纳税人或者其代理人应当自收到《价格质疑通知书》之日起5个工作日内，以书面形式提供相关资料或者其他证据，证明其申报价格真实、准确或者双方之间的特殊关系未影响成交价格。

纳税人或者其代理人确有正当理由无法在规定时间内提供前款资料的，可以在规定期限届满前以书面形式向海关申请延期。

除特殊情况外，延期不得超过10个工作日。

第四十五条 海关制发《价格质疑通知书》后，有下列情形之一的，海关与纳税人进行价格磋商后，按照本办法第六条或者第四十一条列明的方法确定进出口货物的计税价格：

（一）纳税人或者其代理人在海关规定期限内，未能提供进一步说明的；

（二）纳税人或者其代理人提供有关资料、证据后，海关经审核其所提供的资料、证据，仍然有理由怀疑申报价格的真实性、准确性的；

（三）纳税人或者其代理人提供有关资料、证据后，海关经审核其所提供的资料、证据，仍然有理由认为买卖双方之间的特殊关系影响成交价格的。

第四十六条 进口货物无成交价格的，可以不进行价格质疑，经与纳税人进行价格磋商后，按照本办法第六条列明的方法确定计税价格。

出口货物无成交价格的，可以不进行价格质疑，经与纳税人进行价格磋商后，按照本办法第四十一条列明的方法确定计税价格。

第四十七条 按照本办法规定需要价格磋商的，海关应当依法向纳税人制发《中华人民共和国海关价格磋商通知书》（见附件3）。纳税人应当自收到通知之日起5个工作日内与海关进行价格磋商。纳税人在海关规定期限内与海关进行价格磋商的，海关应当制作《中华人民共和国海关价格磋商记录表》（见附件4）。

纳税人未在通知规定的时限内与海关进行磋商的，视为其放弃价格磋商的权利，海关可以直接使用本办法第六条或者第四十一条列明的方法确定进出口货物的计税价格。

第四十八条 对符合下列情形之一的，经纳税人书面申请，海关可以不进行价格质疑以及价格磋商，按照本办法第六条或者第四十一条列明的方法确定进出口货物的计税价格：

（一）同一合同项下分批进出口的货物，海关对其中一批货物已经实施估价的；

（二）进出口货物的计税价格在人民币10万元以下或者关税及进口环节海关代征税总额在人民币2万元以下的；

（三）进出口货物属于危险品、鲜活品、易腐品、易失效品、废品、旧品等的。

第四十九条 海关确定进出口货物的计税价格期间，纳税人可以在依法向海关提供担保后，先行提取货物。

第五十条 海关确定进出口货物的计税价格后，纳税人可以提出书面申请，要求海关就如何确定其进出口货物的计税价格做出书面说明。海关应当根据要求出具《中华人民共和国海关估价告知书》（见附件5）。

第七章 附 则

第五十一条 本办法中下列用语的含义：

境内，是指中华人民共和国海关关境内。

计税价格，是指海关在计征关税时使用的价格。

买方，是指通过履行付款义务，购入货物，并且为此承担风险，享有收益的自然人、法人或者其他组织。其中进口货物的买方是指向中华人民共和国境内购入进口货物的买方。

卖方，是指销售货物的自然人、法人或者其他组织。其中进口货物的卖方是指向中华人民共和国境内销售进口货物的卖方。

向中华人民共和国境内销售，是指将进口货物实际运入中华人民共和国境内，货物的所有权和风险由卖方转移给买方，买方为此向卖方支付价款的行为。

实付、应付价格，是指买方为购买进口货物而直接或者间接支付的价款总额，即作为卖方销售进口货物的条件，由买方向卖方或者为履行卖方义务向第三方已经支付或者将要支付的全部款项。

间接支付，是指买方根据卖方的要求，将货款全部或者部分支付给第三方，或者冲抵买卖双方之间的其他资金往来的付款方式。

购货佣金，是指买方为购买进口货物向自己的采购代理人支付的劳务费用。

经纪费，是指买方为购买进口货物向代表买卖双方利益的经纪人支付的劳务费用。

相同货物，是指与进口货物在同一国家或者地区生产的，在物理性质、质量和信誉等所有方面都相同的货物，但是表面的微小差异允许存在。

类似货物，是指与进口货物在同一国家或者地区生产的，虽然不是在所有方面都相同，但是却具有相似的特征，相似的组成材料，相同的功能，并且在商业中可以互换的货物。

大约同时，是指完成申报之日的大约同时，最长不应当超过前后45日。按照倒扣价格法确定进口货物的计税价格时，如果进口货物、相同或者类似货物没有在完成申报之日前后45日内在境内销售，可以将在境内销售的时间延长至完成申报之日前后90日内。

公认的会计原则，是指在有关国家或者地区会计核算工作中普遍遵循的原则性规范和会计核算业务的处理方法。包括对货物价值认定有关的权责发生制原则、配比原则、历史成本原则、划分收益性与资本性支出原则等。

特许权使用费，是指进口货物的买方为取得知识产权权利人及权利人有效授权人关于专利权、商标权、专有技术、著作权、分销权或者销售权的许可或者转让而支付的费用。

技术培训费用，是指基于卖方或者与卖方有关的第三方对买方派出的技术人员进行与进口货物有关的技术指导，进口货物的买方支付的培训师资及人员的教学、食宿、交通、医疗保险等其他费用。

软件，是指《计算机软件保护条例》规定的用于数据处理设备的程序和文档。

专有技术，是指以图纸、模型、技术资料和规范等形式体现的尚未公开的工艺流程、配方、产品设计、质量控制、检测以及营销管理等方面的知识、经验、方法和诀窍等。

轻度加工，是指稀释、混合、分类、简单装配、再包装或者其他类似加工。

同等级或者同种类货物，是指由特定产业或者产业部门生产的一组或者一系列货物中的货物，包括相同货物或者类似货物。

介质，是指磁带、磁盘、光盘。

价格核查，是指海关为确定进出口货物的计税价格，依法行使本办法第四十三条规定的职权，通过审查单证、核实数据、核对实物及相关账册等方法，对进出口货物申报成交价格的真实性、准确性以及买卖双方之间是否存在特殊关系影响成交价格进行的审查。

价格磋商，是指海关在使用除成交价格以外的估价方法时，在保守商业秘密的基础上，与纳税人交换彼此掌握的用于确定计税价格的数据资料的行为。

起卸前，是指货物起卸行为开始之前。

装载前，是指货物装载行为开始之前。

第五十二条 纳税人对海关确定计税价格有异议的，应当依法先向上一级海关申请行政复议；对行政复议决定不服的，可以依法向人民法院提起行政诉讼。

第五十三条 违反本办法规定，构成走私行为、违反海关监管规定行为或者其他违反《海关法》行为的，由海关依照《海关法》和《中华人民共和国海关行政处罚实施条例》的有关规定予以处理；构成犯罪的，依法追究刑事责任。

第五十四条 本办法由海关总署负责解释。

第五十五条 本办法自2014年2月1日起施行。2006年3月28日海关总署令第148号发布的《中华人民共和国海关审定进出口货物完税价格办法》同时废止。

附件[1]：

1. 中华人民共和国海关账户查询通知书
2. 中华人民共和国海关价格质疑通知书
3. 中华人民共和国海关价格磋商通知书
4. 中华人民共和国海关价格磋商记录表
5. 中华人民共和国海关估价告知书（样式）

1 本附件略。

中华人民共和国海关暂时进出境货物管理办法

（2017 年 12 月 8 日海关总署令第 233 号公布　自 2018 年 2 月 1 日起施行　根据 2024 年 10 月 28 日海关总署令第 273 号《海关总署关于修改部分规章的决定》修正）

第一章　总　则

第一条　为了规范海关对暂时进出境货物的监管，根据《中华人民共和国海关法》（以下简称《海关法》）、《中华人民共和国关税法》（以下简称《关税法》）以及有关法律、行政法规的规定，制定本办法。

第二条　海关对暂时进境、暂时出境并且在规定的期限内复运出境、复运进境货物的管理适用本办法。

第三条　本办法所称暂时进出境货物包括：

（一）在展览会、交易会、会议以及类似活动中展示或者使用的货物；

（二）文化、体育交流活动中使用的表演、比赛用品；

（三）进行新闻报道或者摄制电影、电视节目使用的仪器、设备以及用品；

（四）开展科研、教学、医疗活动使用的仪器、设备和用品；

（五）在本款第（一）项至第（四）项所列活动中使用的交通工具以及特种车辆；

（六）货样；

（七）慈善活动使用的仪器、设备以及用品；

（八）供安装、调试、检测、修理设备时使用的仪器以及工具；

（九）盛装货物的包装材料；

（十）旅游用自驾交通工具及其用品；

（十一）工程施工中使用的设备、仪器以及用品；

（十二）测试用产品、设备、车辆；

（十三）海关总署规定的其他暂时进出境货物。

使用货物暂准进口单证册（以下称“ATA单证册”）暂时进境的货物限于我国加入的有关货物暂准进口的国际公约中规定的货物。

第四条 暂时进出境货物的税收征管依照《关税法》的有关规定执行。

第五条 除我国缔结或者参加的国际条约、协定以及国家法律、行政法规和海关总署规章另有规定外，暂时进出境货物免予交验许可证件。

第六条 暂时进出境货物除因正常使用而产生的折旧或者损耗外，应当按照原状复运出境、复运进境。

第二章 暂时进出境货物的监管

第七条 ATA单证册持证人、非ATA单证册项下暂时进出境货物收发货人（以下简称“持证人、收发货人”）可以在申报前向主管地海关提交《暂时进出境货物确认申请书》，申请对有关货物是否属于暂时进出境货物进行审核确认，并且办理相关手续，也可以在申报环节直接向主管地海关办理暂时进出境货物的有关手续。

第八条 ATA单证册持证人应当向海关提交有效的ATA单证册以及相关商业单据或者证明材料。

第九条 ATA单证册项下暂时出境货物，由中国国际贸易促进委员会（中国国际商会）向海关总署提供总担保。

除另有规定外，非ATA单证册项下暂时进出境货物收发货人应当按照有关规定向主管地海关提供担保。

第十条　暂时进出境货物应当在进出境之日起6个月内复运出境或者复运进境。

因特殊情况需要延长期限的，持证人、收发货人应当向主管地海关办理延期手续，延期最多不超过3次，每次延长期限不超过6个月。延长期届满应当复运出境、复运进境或者办理进出口手续。

国家重点工程、国家科研项目使用的暂时进出境货物以及参加展期在24个月以上展览会的展览品，在前款所规定的延长期届满后仍需要延期的，由主管地直属海关批准。

第十一条　暂时进出境货物需要延长复运进境、复运出境期限的，持证人、收发货人应当在规定期限届满前向主管地海关办理延期手续，并且提交《货物暂时进/出境延期办理单》以及相关材料。

第十二条　暂时进出境货物可以异地复运出境、复运进境，由复运出境、复运进境地海关调取原暂时进出境货物报关单电子数据办理有关手续。

ATA单证册持证人应当持ATA单证册向复运出境、复运进境地海关办理有关手续。

第十三条　暂时进出境货物需要进出口的，暂时进出境货物收发货人应当在货物复运出境、复运进境期限届满前向主管地海关办理进出口手续。

第十四条　暂时进出境货物收发货人在货物复运出境、复运进境后，应当向主管地海关办理结案手续。

第十五条　海关通过风险管理、信用管理等方式对暂时进出境业务实施监督管理。

第十六条　暂时进出境货物因不可抗力的原因受损，无法原状复运出境、复运进境的，持证人、收发货人应当及时向主管地海关报告，可以凭有关部门出具的证明材料办理复运出境、复运进境手续；因不可抗力的原因灭失的，经主管地海关核实后可以视为该货物已经复运出境、复运进境。

暂时进出境货物因不可抗力以外其他原因受损或者灭失的，持证人、收发货人应当按照货物进出口的有关规定办理海关手续。

第三章　暂时进出境展览品的监管

第十七条　境内展览会的办展人以及出境举办或者参加展览会的办展人、参展人（以下简称“办展人、参展人”）可以在展览品进境或者出境前向主管地海关报告，并且提交展览品清单和展览会证明材料，也可以在展览品进境或者出境时，向主管地海关提交上述材料，办理有关手续。

对于申请海关派员监管的境内展览会，办展人、参展人应当在展览品进境前向主管地海关提交有关材料，办理海关手续。

第十八条　展览会需要在我国境内两个或者两个以上关区内举办的，对于没有向海关提供全程担保的进境展览品应当按照规定办理转关手续。

第十九条　下列在境内展览会期间供消耗、散发的用品（以下简称“展览用品”），由海关根据展览会的性质、参展商的规模、观众人数等情况，对其数量和总值进行核定，在合理范围内的，按照有关规定免征进口关税和进口环节税：

（一）在展览活动中的小件样品，包括原装进口的或者在展览期间用进口的散装原料制成的食品或者饮料的样品；

（二）为展出的机器或者器件进行操作示范被消耗或者损坏的物料；

（三）布置、装饰临时展台消耗的低值货物；

（四）展览期间免费向观众散发的有关宣传品；

（五）供展览会使用的档案、表格以及其他文件。

前款第（一）项所列货物，应当符合以下条件：

（一）由参展人免费提供并且在展览期间专供免费分送给观众使用或者消费的；

（二）单价较低，作广告样品用的；

（三）不适用于商业用途，并且单位容量明显小于最小零售包装容量的；

（四）食品以及饮料的样品虽未按照本款第（三）项规定的包装分发，但是确实在活动中消耗掉的。

第二十条 展览用品中的酒精饮料、烟草制品以及燃料不适用有关免税的规定。

本办法第十九条第一款第（一）项所列展览用品超出限量进口的，超出部分应当依法征税；第一款第（二）项、第（三）项、第（四）项所列展览用品，未使用或者未被消耗完的，应当复运出境，不复运出境的，应当按照规定办理进口手续。

第二十一条 海关派员进驻展览场所的，经主管地海关同意，展览会办展人可以就参展的展览品免予向海关提交担保。

展览会办展人应当提供必要的办公条件，配合海关工作人员执行公务。

第二十二条 未向海关提供担保的进境展览品在非展出期间应当存放在海关监管作业场所。因特殊原因需要移出的，应当经主管地海关同意，并且提供相应担保。

第二十三条 为了举办交易会、会议或者类似活动而暂时进出境的货物，按照本办法对展览品监管的有关规定进行监管。

第四章 ATA单证册的管理

第二十四条 中国国际贸易促进委员会（中国国际商会）是我国ATA单证册的出证和担保机构，负责签发出境ATA单证册，向海关报送所签发单证册的中文电子文本，协助海关确认ATA单证册的真伪，并且向海关承担ATA单证册持证人因违反暂时进出境规定而产生的相关税费、罚款。

第二十五条 海关总署设立ATA核销中心，履行以下职责：

（一）对ATA单证册进行核销、统计以及追索；

（二）应成员国担保人的要求，依据有关原始凭证，提供ATA单证册项下暂时进出境货物已经进境或者从我国复运出境的证明；

（三）对全国海关ATA单证册的有关核销业务进行协调和管理。

第二十六条 海关只接受用中文或者英文填写的ATA单证册。

第二十七条 ATA单证册发生损坏、灭失等情况的，ATA单证册持证人应当持原出证机构补发的ATA单证册到主管地海关进行确认。

补发的ATA单证册所填项目应当与原ATA单证册相同。

第二十八条 ATA单证册项下暂时进出境货物在境内外停留期限超过ATA单证册有效期的，ATA单证册持证人应当向原出证机构续签ATA单证册。续签的ATA单证册经主管地海关确认后可以替代原ATA单证册。

续签的ATA单证册只能变更单证册有效期限和单证册编号，其他项目应当与原单证册一致。续签的ATA单证册启用时，原ATA单证册失效。

第二十九条 ATA单证册项下暂时进境货物未能按照规定复运出境或者过境的，ATA核销中心应当向中国国际贸易促进委员会（中国国际商会）提出追索。自提出追索之日起9个月内，中国国际贸易促进委员会（中国国际商会）向海关提供货物已经在规定期限内复运出境或者已经办理进口手续证明的，ATA核销中心可以撤销追索；9个月期满后未能提供上述证明的，中国国际贸易促进委员会（中国国际商会）应当向海关支付税费和罚款。

第三十条　ATA单证册项下暂时进境货物复运出境时，因故未经我国海关核销、签注的，ATA核销中心凭由另一缔约国海关在ATA单证上签注的该批货物从该国进境或者复运进境的证明，或者我国海关认可的能够证明该批货物已经实际离开我国境内的其他文件，作为已经从我国复运出境的证明，对ATA单证册予以核销。

第五章　附　则

第三十一条　违反本办法，构成走私行为、违反海关监管规定行为或者其他违反海关法行为的，由海关依照《海关法》和《中华人民共和国海关行政处罚实施条例》的有关规定予以处理；构成犯罪的，依法追究刑事责任。

第三十二条　从境外暂时进境的货物转入海关特殊监管区域和保税监管场所的，不属于复运出境。

第三十三条　对用于装载海关监管货物的进出境集装箱的监管不适用本办法。

第三十四条　暂时进出境物品超出自用合理数量的，参照本办法监管。

第三十五条　本办法有关用语的含义：

展览会、交易会、会议以及类似活动是指：

（一）贸易、工业、农业、工艺展览会，以及交易会、博览会；

（二）因慈善目的而组织的展览会或者会议；

（三）为促进科技、教育、文化、体育交流，开展旅游活动或者民间友谊而组织的展览会或者会议；

（四）国际组织或者国际团体组织代表会议；

（五）政府举办的纪念性代表大会。

在商店或者其他营业场所以销售国外货物为目的而组织的非公共展览会不属于本办法所称展览会、交易会、会议以及类似活动。

展览品是指：

（一）展览会展示的货物；

（二）为了示范展览会展出机器或者器具所使用的货物；

（三）设置临时展台的建筑材料以及装饰材料；

（四）宣传展示货物的电影片、幻灯片、录像带、录音带、说明书、广告、光盘、显示器材等；

（五）其他用于展览会展示的货物。

包装材料，是指按原状用于包装、保护、装填或者分离货物的材料以及用于运输、装卸或者堆放的装置。

主管地海关，是指暂时进出境货物进出境地海关。境内展览会、交易会、会议以及类似活动的主管地海关为其活动所在地海关。

第三十六条 本办法所规定的文书由海关总署另行制定并且发布。

第三十七条 本办法由海关总署负责解释。

第三十八条 本办法自2018年2月1日起施行。2007年3月1日海关总署令第157号公布的《中华人民共和国海关暂时进出境货物管理办法》、2013年12月25日海关总署令第212号公布的《海关总署关于修改〈中华人民共和国海关暂时进出境货物管理办法〉的决定》同时废止。

中华人民共和国海关进出口货物减免税管理办法

（2020 年 12 月 11 日海关总署令第 245 号公布　自 2021 年 3 月 1 日起施行　根据 2024 年 10 月 28 日海关总署令第 273 号《海关总署关于修改部分规章的决定》修正）

第一章　总　则

第一条　为了规范海关进出口货物减免税管理工作，保障行政相对人合法权益，优化营商环境，根据《中华人民共和国海关法》（以下简称《海关法》）、《中华人民共和国关税法》及有关法律和行政法规的规定，制定本办法。

第二条　进出口货物减征或者免征关税、进口环节税（以下简称减免税）事务，除法律、行政法规另有规定外，海关依照本办法实施管理。

第三条　进出口货物减免税申请人（以下简称减免税申请人）应当向其主管海关申请办理减免税审核确认、减免税货物税款担保、减免税货物后续管理等相关业务。

减免税申请人向主管海关申请办理减免税相关业务，应当按照规定提交齐全、有效、填报规范的申请材料，并对材料的真实性、准确性、完整性和规范性承担相应的法律责任。

第二章　减免税审核确认

第四条　减免税申请人按照有关进出口税收优惠政策的规定申请减免税进出口相关货物，应当在货物申报进出口前，取得相关政策规定的享受进出口税收优惠政策资格的证明材料，并凭以下材料向主管海关申请办理减免税审核确认手续：

（一）《进出口货物征免税申请表》；

（二）事业单位法人证书或者国家机关设立文件、社会团体法人登记证书、民办非企业单位法人登记证书、基金会法人登记证书等证明材料；

（三）进出口合同、发票以及相关货物的产品情况资料。

第五条 主管海关应当自受理减免税审核确认申请之日起10个工作日内，对减免税申请人主体资格、投资项目和进出口货物相关情况是否符合有关进出口税收优惠政策规定等情况进行审核，并出具进出口货物征税、减税或者免税的确认意见，制发《中华人民共和国海关进出口货物征免税确认通知书》（以下简称《征免税确认通知书》）。

有下列情形之一，主管海关不能在本条第一款规定期限内出具确认意见的，应当向减免税申请人说明理由：

（一）有关进出口税收优惠政策规定不明确或者涉及其他部门管理职责，需要与相关部门进一步协商、核实有关情况的；

（二）需要对货物进行化验、鉴定等，以确定其是否符合有关进出口税收优惠政策规定的。

有本条第二款规定情形的，主管海关应当自情形消除之日起10个工作日内，出具进出口货物征税、减税或者免税的确认意见，并制发《征免税确认通知书》。

第六条 减免税申请人需要变更或者撤销已出具的《征免税确认通知书》的，应当在《征免税确认通知书》有效期内向主管海关提出申请，并随附相关材料。

经审核符合规定的，主管海关应当予以变更或者撤销。予以变更的，主管海关应当重新制发《征免税确认通知书》。

第七条 《征免税确认通知书》有效期限不超过6个月，减免税申请人应当在有效期内向申报地海关办理有关进出口货物申报手续；不能在有效期内办理，需要延期的，应当在有效期内向主管海关申请办理延期手续。《征免税确认通知书》可以延期一次，延长期限不得超过6个月。

《征免税确认通知书》有效期限届满仍未使用的，其效力终止。减免税申请人需要减免税进出口该《征免税确认通知书》所列货物的，应当重新向主管海关申请办理减免税审核确认手续。

第八条 除有关进出口税收优惠政策或者其实施措施另有规定外，进出口货物征税放行后，减免税申请人申请补办减免税审核确认手续的，海关不予受理。

第三章　减免税货物税款担保

第九条 有下列情形之一的，减免税申请人可以向海关申请办理有关货物凭税款担保先予放行手续：

（一）有关进出口税收优惠政策或者其实施措施明确规定的；

（二）主管海关已经受理减免税审核确认申请，尚未办理完毕的；

（三）有关进出口税收优惠政策已经国务院批准，具体实施措施尚未明确，主管海关能够确认减免税申请人属于享受该政策范围的；

（四）其他经海关总署核准的情形。

第十条 减免税申请人需要办理有关货物凭税款担保先予放行手续的，应当在货物申报进出口前向主管海关提出申请，并随附相关材料。

主管海关应当自受理申请之日起5个工作日内出具是否准予办理担保的意见。符合本办法第九条规定情形的，主管海关应当制发《中华人民共和国海关准予办理减免税货物税款担保通知书》（以下简称《准予办理担保通知书》)，并通知申报地海关；不符合有关规定情形的，制发《中华人民共和国海关不准予办理减免税货物税款担保通知书》。

第十一条 申报地海关凭主管海关制发的《准予办理担保通知书》，以及减免税申请人提供的海关依法认可的财产、权利，按照规定办理减免税货物的税款担保手续。

第十二条 《准予办理担保通知书》确定的减免税货物税款担保期限不超过6个月，主管海关可以延期1次，延长期限不得超过6个月。特殊情况仍需要延期的，应当经直属海关审核同意。

减免税货物税款担保期限届满，本办法第九条规定的有关情形仍然延续的，主管海关可以根据有关情形可能延续的时间等情况，相应延长税款担保期限，并向减免税申请人告知有关情况，同时通知申报地海关为减免税申请人办理税款担保延期手续。

第十三条 减免税申请人在减免税货物税款担保期限届满前取得《征免税确认通知书》，并已向海关办理征税、减税或者免税相关手续的，申报地海关应当解除税款担保。

第四章 减免税货物的管理

第十四条 除海关总署另有规定外，进口减免税货物的监管年限为：

（一）船舶、飞机：8年；

（二）机动车辆：6年；

（三）其他货物：3年。

监管年限自货物进口放行之日起计算。

除海关总署另有规定外，在海关监管年限内，减免税申请人应当按照海关规定保管、使用进口减免税货物，并依法接受海关监管。

第十五条 在海关监管年限内，减免税申请人应当于每年6月

30日（含当日）以前向主管海关提交《减免税货物使用状况报告书》，报告减免税货物使用状况。超过规定期限未提交的，海关按照有关规定将其列入信用信息异常名录。

减免税申请人未按照前款规定报告其减免税货物使用状况，向海关申请办理减免税审核确认、减免税货物税款担保、减免税货物后续管理等相关业务的，海关不予受理。减免税申请人补报后，海关可以受理。

第十六条　在海关监管年限内，减免税货物应当在主管海关审核同意的地点使用。除有关进口税收优惠政策实施措施另有规定外，减免税货物需要变更使用地点的，减免税申请人应当向主管海关提出申请，并说明理由；经主管海关审核同意的，可以变更使用地点。

减免税货物需要移出主管海关管辖地使用的，减免税申请人应当向主管海关申请办理异地监管手续，并随附相关材料。经主管海关审核同意并通知转入地海关后，减免税申请人可以将减免税货物运至转入地海关管辖地，并接受转入地海关监管。

减免税货物在异地使用结束后，减免税申请人应当及时向转入地海关申请办结异地监管手续。经转入地海关审核同意并通知主管海关后，减免税申请人应当将减免税货物运回主管海关管辖地。

第十七条　在海关监管年限内，减免税申请人发生分立、合并、股东变更、改制等主体变更情形的，权利义务承受人应当自变更登记之日起30日内，向原减免税申请人的主管海关报告主体变更情况以及有关减免税货物的情况。

经原减免税申请人主管海关审核，需要补征税款的，权利义务承受人应当向原减免税申请人主管海关办理补税手续；可以继续享受减免税待遇的，权利义务承受人应当按照规定申请办理减免税货物结转等相关手续。

第十八条　在海关监管年限内，因破产、撤销、解散、改制或者其他情形导致减免税申请人终止，有权利义务承受人的，参照本办法第十七条的规定办理有关手续；没有权利义务承受人的，原减免税申请人或者其他依法应当承担关税及进口环节税缴纳义务的当事人，应当自资产清算之日起30日内，向原减免税申请人主管海关申请办理减免税货物的补缴税款手续。进口时免予提交许可证件的减免税货物，按照国家有关规定需要补办许可证件的，减免税申请人在办理补缴税款手续时还应当补交有关许可证件。有关减免税货物自办结上述手续之日起，解除海关监管。

第十九条 在海关监管年限内，减免税申请人要求将减免税货物退运出境或者出口的，应当经主管海关审核同意，并办理相关手续。

减免税货物自退运出境或者出口之日起，解除海关监管，海关不再对退运出境或者出口的减免税货物补征相关税款。

第二十条 减免税货物海关监管年限届满的，自动解除监管。

对海关监管年限内的减免税货物，减免税申请人要求提前解除监管的，应当向主管海关提出申请，并办理补缴税款手续。进口时免予提交许可证件的减免税货物，按照国家有关规定需要补办许可证件的，减免税申请人在办理补缴税款手续时还应当补交有关许可证件。有关减免税货物自办结上述手续之日起，解除海关监管。

减免税申请人可以自减免税货物解除监管之日起1年内，向主管海关申领《中华人民共和国海关进口减免税货物解除监管证明》。

第二十一条 在海关监管年限内及其后3年内，海关依照《海关法》《中华人民共和国海关稽查条例》等有关规定，对有关企业、单位进口和使用减免税货物情况实施稽查。

第五章　减免税货物的抵押、转让、移作他用

第二十二条 在减免税货物的海关监管年限内，经主管海关审核同意，并办理有关手续，减免税申请人可以将减免税货物抵押、

转让、移作他用或者进行其他处置。

第二十三条 在海关监管年限内，进口时免予提交许可证件的减免税货物，减免税申请人向主管海关申请办理抵押、转让、移作他用或者其他处置手续时，按照国家有关规定需要补办许可证件的，应当补办相关手续。

第二十四条 在海关监管年限内，减免税申请人要求以减免税货物向银行或者非银行金融机构办理贷款抵押的，应当向主管海关提出申请，随附相关材料，并以海关依法认可的财产、权利提供税款担保。

主管海关应当对减免税申请人提交的申请材料是否齐全、有效，填报是否规范等进行审核，必要时可以实地了解减免税申请人经营状况、减免税货物使用状况等相关情况。经审核符合规定的，主管海关应当制发《中华人民共和国海关准予办理减免税货物贷款抵押通知书》；不符合规定的，应当制发《中华人民共和国海关不准予办理减免税货物贷款抵押通知书》。

减免税申请人不得以减免税货物向银行或者非银行金融机构以外的自然人、法人或者非法人组织办理贷款抵押。

第二十五条 主管海关同意以减免税货物办理贷款抵押的，减免税申请人应当自签订抵押合同、贷款合同之日起30日内，将抵押合同、贷款合同提交主管海关备案。

抵押合同、贷款合同的签订日期不是同一日的，按照后签订的日期计算前款规定的备案时限。

第二十六条 减免税货物贷款抵押需要延期的，减免税申请人应当在贷款抵押期限届满前，向主管海关申请办理贷款抵押的延期手续。

经审核符合规定的，主管海关应当制发《中华人民共和国海关准予办理减免税货物贷款抵押延期通知书》；不符合规定的，应当制发《中华人民共和国海关不准予办理减免税货物贷款抵押延期通知书》。

第二十七条 在海关监管年限内，减免税申请人需要将减免税货物转让给进口同一货物享受同等减免税优惠待遇的其他单位的，应当按照下列规定办理减免税货物结转手续：

（一）减免税货物的转出申请人向转出地主管海关提出申请，并随附相关材料。转出地主管海关审核同意后，通知转入地主管海关。

（二）减免税货物的转入申请人向转入地主管海关申请办理减免税审核确认手续。转入地主管海关审核同意后，制发《征免税确认通知书》。

（三）结转减免税货物的监管年限应当连续计算，转入地主管海关在剩余监管年限内对结转减免税货物继续实施后续监管。

转入地海关和转出地海关为同一海关的，参照本条第一款规定办理。

第二十八条 在海关监管年限内，减免税申请人需要将减免税货物转让给不享受进口税收优惠政策或者进口同一货物不享受同等减免税优惠待遇的其他单位的，应当事先向主管海关申请办理减免税货物补缴税款手续。进口时免予提交许可证件的减免税货物，按照国家有关规定需要补办许可证件的，减免税申请人在办理补缴税款手续时还应当补交有关许可证件。有关减免税货物自办结上述手续之日起，解除海关监管。

第二十九条 减免税货物因转让、提前解除监管以及减免税申请人发生主体变更、依法终止情形或者其他原因需要补征税款的，补税的计税价格以货物原进口时的计税价格为基础，按照减免税货物已进口时间与监管年限的比例进行折旧，其计算公式如下：

补税的计税价格=减免税货物原进口时的计税价格 ×[1–减免税货物已进口时间/（监管年限 ×12）]

减免税货物已进口时间自货物放行之日起按月计算。不足1个月但超过15日的，按1个月计算；不超过15日的，不予计算。

第三十条　按照本办法第二十九条规定计算减免税货物补税的计税价格的，应当按以下情形确定货物已进口时间的截止日期：

（一）转让减免税货物的，应当以主管海关接受减免税申请人申请办理补税手续之日作为截止之日；

（二）减免税申请人未经海关批准，擅自转让减免税货物的，应当以货物实际转让之日作为截止之日；实际转让之日不能确定的，应当以海关发现之日作为截止之日；

（三）在海关监管年限内，减免税申请人发生主体变更情形的，应当以变更登记之日作为截止之日；

（四）在海关监管年限内，减免税申请人发生破产、撤销、解散或者其他依法终止经营情形的，应当以人民法院宣告减免税申请人破产之日或者减免税申请人被依法认定终止生产经营活动之日作为截止之日；

（五）减免税货物提前解除监管的，应当以主管海关接受减免税申请人申请办理补缴税款手续之日作为截止之日。

第三十一条　在海关监管年限内，减免税申请人需要将减免税货物移作他用的，应当事先向主管海关提出申请。经主管海关审核同意，减免税申请人可以按照海关批准的使用单位、用途、地区将减免税货物移作他用。

本条第一款所称移作他用包括以下情形：

（一）将减免税货物交给减免税申请人以外的其他单位使用；

（二）未按照原定用途使用减免税货物；

（三）未按照原定地区使用减免税货物。

除海关总署另有规定外，按照本条第一款规定将减免税货物移作他用的，减免税申请人应当事先按照移作他用的时间补缴相应税款；移作他用时间不能确定的，应当提供税款担保，税款担保金额不得超过减免税货物剩余监管年限可能需要补缴的最高税款总额。

第三十二条 减免税申请人将减免税货物移作他用，需要补缴税款的，补税的计税价格以货物原进口时的计税价格为基础，按照需要补缴税款的时间与监管年限的比例进行折旧，其计算公式如下：

补税的计税价格＝减免税货物原进口时的计税价格×需要补缴税款的时间/(监管年限×365)

上述计算公式中需要补缴税款的时间为减免税货物移作他用的实际时间，按日计算，每日实际使用不满8小时或者超过8小时的均按1日计算。

第三十三条 海关在办理减免税货物贷款抵押、结转、移作他用、异地监管、主体变更、退运出境或者出口、提前解除监管等后续管理业务时，应当自受理减免税申请人的申请之日起10个工作日内作出是否同意的决定。

因特殊情形不能在前款规定期限内作出决定的，海关应当向申请人说明理由，并自特殊情形消除之日起10个工作日内作出是否同意的决定。

第六章 附 则

第三十四条 在海关监管年限内，减免税申请人发生分立、合并、股东变更、改制等主体变更情形的，或者因破产、撤销、解散、改制或者其他情形导致其终止的，当事人未按照有关规定，向原减免税申请人的主管海关报告主体变更或者终止情形以及有关减免税货物的情况的，海关予以警告，责令其改正，可以处1万元以下罚款。

第三十五条 本办法下列用语的含义：

进出口货物减免税申请人，是指根据有关进出口税收优惠政策和相关法律、行政法规的规定，可以享受进出口税收优惠，并依照本办法向海关申请办理减免税相关业务的具有独立法人资格的企事业单位、社会团体、民办非企业单位、基金会、国家机关；具体实施投资项目，获得投资项目单位授权并经按照本条规定确定为主管海关的投资项目所在地海关同意，可以向其申请办理减免税相关业务的投资项目单位所属非法人分支机构；经海关总署确认的其他组织。

减免税申请人的主管海关，减免税申请人为企业法人的，主管海关是指其办理企业法人登记注册地的海关；减免税申请人为事业单位、社会团体、民办非企业单位、基金会、国家机关等非企业法人组织的，主管海关是指其住所地海关；减免税申请人为投资项目单位所属非法人分支机构的，主管海关是指其办理营业登记地的海关。下列特殊情况除外：

（一）投资项目所在地海关与减免税申请人办理企业法人登记注册地海关或者办理营业登记地海关不是同一海关的，投资项目所在地海关为主管海关；投资项目所在地涉及多个海关的，有关海关的共同上级海关或者共同上级海关指定的海关为主管海关；

（二）有关进出口税收优惠政策实施措施明确规定的情形；

（三）海关总署批准的其他情形。

第三十六条　本办法所列文书格式由海关总署另行制定并公告。

第三十七条　本办法由海关总署负责解释。

第三十八条　本办法自2021年3月1日起施行。2008年12月29日海关总署公布的《中华人民共和国海关进出口货物减免税管理办法》（海关总署令第179号）同时废止。

关于《中华人民共和国海关进出口货物减免税管理办法》实施有关事项的公告

（海关总署公告2021年第16号）

《中华人民共和国海关进出口货物减免税管理办法》（海关总署令第245号，以下简称《办法》）于2020年12月21日发布，自2021年3月1日起施行，现将有关事项公告如下：

一、《办法》第五条中“受理减免税审核确认申请之日”是指：减免税申请人递交的申请材料符合规定，海关予以受理的，海关收到申请材料之日为受理之日；减免税申请人提交的申请材料不齐全或者不符合规定的，海关一次性告知减免税申请人需要补正的有关材料，海关收到全部补正的申请材料之日为受理之日。

减免税申请人不按规定向海关提交齐全、有效、填报规范的申请材料的，海关不予受理。

二、对于部分实行免税额度管理的税收政策，减免税申请人将该政策项下的减免税货物转让给进口同一货物享受同等减免税优惠待遇的其他单位的，转出申请人的减免税额度不予恢复，转入申请人的减免税额度按照海关确定的货物结转时的价格、数量或者应缴税款予以扣减。

减免税货物因品质或者规格原因原状退运出境，减免税申请人以无代价抵偿方式进口同一类型货物的，减免税额度不予恢复；未以无代价抵偿方式进口同一类型货物的，减免税申请人在原减免税货物退运出境之日起3个月内向海关提出申请，经海关审核同意，减免税额度可以恢复。

对于其他提前解除监管的情形，减免税额度不予恢复。

三、《办法》第六条、第七条规定的《中华人民共和国海关进出口货物征免税确认通知书》变更、撤销和延期，其办理时限参照《办法》第五条规定时限执行。

四、《办法》第十九条规定的将减免税货物退运出境或出口，报关单的“监管方式”栏目应按照贸易实际进行填报。

五、2021年3月1日前海关已出具且在有效期内的《中华人民共和国海关进出口货物征免税证明》和《中华人民共和国海关准予办理减免税货物税款担保证明》，仍可以继续使用。

六、《办法》执行过程中涉及的法律文书及相关报表格式文本详见附件1–23。

七、本公告自2021年3月1日起实施。

特此公告。

附件：法律文书及相关报表格式文本[1]

海关总署

2021年2月24日

1　本附件略。

中华人民共和国海关经核准出口商管理办法

（2021 年 11 月 23 日海关总署令第 254 号公布
自 2022 年 1 月 1 日起施行）

第一条 为了有效实施中华人民共和国缔结或者参加的优惠贸易协定项下经核准出口商管理制度，规范出口货物原产地管理，促进对外贸易，根据《中华人民共和国政府和冰岛政府自由贸易协定》《中华人民共和国和瑞士联邦自由贸易协定》《中华人民共和国政府和毛里求斯共和国政府自由贸易协定》《区域全面经济伙伴关系协定》等优惠贸易协定（以下统称“相关优惠贸易协定”）的规定，制定本办法。

第二条 本办法所称的经核准出口商，是指经海关依法认定，可以对其出口或者生产的、具备相关优惠贸易协定项下原产资格的货物开具原产地声明的企业。

第三条 海关按照诚信守法便利原则，对经核准出口商实施管理。

海关建立经核准出口商管理信息化系统，提升经核准出口商管理便利化水平。

第四条 经核准出口商应当符合以下条件：

（一）海关高级认证企业；

（二）掌握相关优惠贸易协定项下原产地规则；

（三）建立完备的原产资格文件管理制度。

第五条 企业申请成为经核准出口商的，应当向其住所地直属海关（以下统称主管海关）提交书面申请。书面申请应当包含以下内容：

（一）企业中英文名称、中英文地址、统一社会信用代码、海关信用等级、企业类型、联系人信息等基本信息；

（二）企业主要出口货物的中英文名称、规格型号、HS编码、适用的优惠贸易协定及具体原产地标准、货物所使用的全部材料及零部件组成情况等信息；

（三）掌握相关优惠贸易协定项下原产地规则的承诺声明；

（四）建立完备的货物原产资格文件管理制度的承诺声明；

（五）拟加盖在原产地声明上的印章印模。

申请材料涉及商业秘密的，应当在申请时以书面方式向主管海关提出保密要求，并且具体列明需要保密的内容。海关按照国家有关规定承担保密义务。

第六条 主管海关应当自收到申请材料之日起30日内进行审核并作出决定。

经审核，符合经核准出口商条件的，主管海关应当制发经核准出口商认定书，并给予经核准出口商编号；不符合经核准出口商条件的，主管海关应当制发不予认定经核准出口商决定书。

经核准出口商认定书、不予认定经核准出口商决定书应当送达申请人，并且自送达之日起生效。

第七条 经核准出口商认定的有效期为3年。

经核准出口商可以在有效期届满前3个月内，向主管海关书面申请续展。每次续展的有效期为3年。

第八条 海关总署依据中华人民共和国缔结或者参加的优惠贸易协定以及相关协议，与优惠贸易协定项下其他缔约方（以下简称其他缔约方）交换下列经核准出口商信息：

（一）经核准出口商编号；

（二）经核准出口商中英文名称；

（三）经核准出口商中英文地址；

（四）经核准出口商认定的生效日期和失效日期；

（五）相关优惠贸易协定要求交换的其他信息。

海关总署依照前款规定与其他缔约方完成信息交换后，主管海关应当通知经核准出口商可以依照本办法第九条、第十条规定开具原产地声明。

第九条 经核准出口商为其出口或者生产的货物开具原产地声明前，应当向主管海关提交货物的中英文名称、《商品名称及编码协调制度》6位编码、适用的优惠贸易协定等信息。

相关货物的中英文名称、《商品名称及编码协调制度》6位编码、适用的优惠贸易协定与已提交信息相同的，无需重复提交。

第十条 经核准出口商应当通过海关经核准出口商管理信息化系统开具原产地声明，并且对其开具的原产地声明的真实性和准确性负责。

经核准出口商依据本办法开具的原产地声明可以用于向其他缔约方申请享受相关优惠贸易协定项下优惠待遇。

第十一条 经核准出口商应当自原产地声明开具之日起3年内保存能够证明该货物原产资格的全部文件。相关文件可以以电子或者纸质形式保存。

经核准出口商不是出口货物生产商的，应当在开具原产地声明前要求生产商提供能够证明货物原产资格的证明文件，并且按照前款要求予以保存。

第十二条 海关可以对经核准出口商开具的原产地声明及其相关货物、原产资格文件管理制度及执行情况等实施检查，经核准出口商应当予以配合。

其他缔约方主管部门根据相关优惠贸易协定，提出对经核准出口商开具的原产地声明及其相关货物核查请求的，由海关总署统一组织实施。

经核准出口商应当将其收到的其他缔约方主管部门有关原产地声明及其相关货物的核查请求转交主管海关。

第十三条　经核准出口商信息或者货物信息发生变更的，经核准出口商未进行变更前，不得开具原产地声明。

第十四条　存在以下情形的，主管海关可以注销经核准出口商认定，并且书面通知该企业：

（一）经核准出口商申请注销的；

（二）经核准出口商不再符合海关总署规定的企业信用等级的；

（三）经核准出口商有效期届满未向主管海关申请续展的。

注销决定自作出之日起生效。

第十五条　存在以下情形的，主管海关可以撤销经核准出口商认定，并书面通知该企业；

（一）提供虚假材料骗取经核准出口商认定的；

（二）存在伪造或者买卖原产地声明行为的；

（三）经核准出口商未按照本办法第十二条转交核查请求，情节严重的；

（四）经核准出口商开具的原产地声明不符合海关总署规定，1年内累计数量超过上年度开具的原产地声明总数百分之一，并且涉及货物价值累计超过100万元的。

撤销决定自作出之日起生效，但依照本条第一款第一项规定撤销经核准出口商认定的，经核准出口商认定自始无效。

企业被海关撤销经核准出口商认定的，自被撤销之日起2年内不得提出经核准出口商认定申请。

第十六条　提供虚假材料骗取经核准出口商认定，或者伪造、买卖原产地声明的，主管海关应当给予警告，可以并处1万元以下罚款。

第十七条 海关依法对经核准出口商实施信用管理。

第十八条 海关对中华人民共和国缔结或者参加的其他优惠贸易协定项下经核准出口商的管理，适用本办法。

第十九条 本办法由海关总署负责解释。

第二十条 本办法自2022年1月1日起施行。